Verena Meyer

Vom Suchen und Finden

Zwei Stücke für junge Menschen

Verena Meyer

Vom Suchen und Finden

Zwei Stücke für junge Menschen

Die Deutsche Nationalbibliothek verzeichnet diese Publikation in der Deutschen Nationalbibliografie; detaillierte bibliografische Daten sind im Internet über dnb.dnb.de abrufbar.

© 2020 Verena Meyer

Alle Rechte an den Stücken bei der Autorin

Foto Titel: © Verena Meyer

Herstellung und Verlag: BoD – Books on Demand, Norderstedt

ISBN: 9783752898071

INHALT

Wer bei seinen Erwartungen bleibt,
wird ewig warten. Nur wer sich in
Bewegung setzt, findet seinen Weg.

Maurus, der Maulwurf

VORWEG

Die zwei Stücke sind fantastische Stationen-
dramen und erzählen – mal aus männlicher, mal
aus weiblicher Perspektive – über die Suche nach
sich selbst. Die Protagonisten ziehen aus, um
Antworten auf die wirklich komplizierten Fragen
des Lebens zu bekommen und letztlich ihre
eigene Wahrheit zu finden. Zwei junge
Antihelden auf dem Weg zum Erwachsenen
werden! Mutig, klug und voller Überraschungen!

Ich suche nicht, ich finde.

(Picasso)

Verena Meyer

Lügenbolds Reise

Auf der Suche nach Wahrheit

SZENEN UND FIGUREN

Im Tal – Nahe der Erde:

Alle

Der Lügenbold

Seine Mutter

Ein Anderer

Im Traum:

Mutter Courage

Beim Volk mit den kurzen Beinen:

König Kurzbein

Prinzessin Kurzbein, seine Tochter

Der Zwergen-Aufstand

An der Weggabelung:

Die Wahr-Sagerin

Die personifizierte Lüge

Inmitten der Lügengebäude:

Politiker/in Kraft

Banker/in Klau

Selbstoptimierer/in Klump

Journalist/in Kritzel

In der Kirche:

Der Pfarrer

Die Gemeinde

Im Lügenlabor:

Doktor/in

Patient/innen M, A, Q und P mit Münchhausen-Syndrom, Alice-Affekt, Don-Quichote-Depression, Peer-Paranoia

In der Stille:

Vater Morgana

Beim Theater Trug:

Narren 1-3

(Eventuell weitere Ensemblemitglieder)

In der Akademie der schönen Künste:

Monsieur Magritte

Herr Bichsel

Precht, der Philosoph

Auf dem Berg – Im Luftschloss:

Die Elfen: Seilchenhüpfer, Sonnenblümchen,

Siebensternchen und Senfkörnchen

Bei der Hochzeit –

Nahe dem siebten Himmel:

Lügenbold

Prinzessin Kurzbein

König Kurzbein

Lügenbolds Mutter

Alle (Elfe, Zwerg)

SZENE:

IM TAL - NAHE DER ERDE

Alle:

Vor langer Zeit – in einem Tal, irgendwo auf der Welt, gab es ein Wesen, das nannten alle Lügenbold. - Die Familie? Stadtbekannte Lügner! - Alle! - Also musste doch auch Lügenbold einer sein. - Einmal Lügner, immer Lügner.

Lügenbold:

Ein Nichtsnutz bin ich also? Ein Lügenbold?

Alle:

Seine Mutter erzählte ihm viele Geschichten: von Münchhausen, dem Lügenbaron ...

Mutter:

Was für ein schändliches Laster ist das Lügen! Denn erstens kommt es leicht heraus, wenn einer zu arg flunkert, und zweitens kann jemand, der sich's angewöhnt hat, auch einmal die Wahrheit sprechen, und keiner glaubt sie ihm dann. Dass mein Ahnherr, der Freiherr von Münchhausen auf Bodenwerder einmal in seinem Leben die Wahrheit sagte, und niemand ihm glauben wollte, das hat bald dreihundert Menschen das Leben gekostet ...

Lügenbold:
Was?

Alle:
… oder von Ochsen, die ausflogen, die Wahrheit zu finden.

Mutter:
Ich will dir erzählen und will auch nicht lügen:
Ich sah zwei gebratene Ochsen fliegen,
sie flogen gar in die Ferne.
Sie hatten den Rücken gen Himmel gekehrt,
die Füße wohl gegen die Sterne

und suchten und suchten und waren es leid,

ein Fünkchen von Wahrheit, ein Fünkchen von ...

Alle:

Wahrheit?

Lügenbold:

Auch ich möchte die Wahrheit finden, Mutter.
Irgendwo muss sie doch sein. Irgendwer muss ja mal
von ihr gehört haben. Ich möchte in die Welt hinaus
gehen und sie suchen.

Mutter:

Aber du kannst genauso gut eine Geschichte erfinden.

Lügenbold:

Die aber nicht wahr ist?

Mutter:

Aber doch gut erfunden. Gut erfundene Geschichten
sind manchmal besser als die Wahrheit!

Gesagt, getan. Er griff zu seinem scharfen Beil, mit dem er die Rinde abschälen wollte und das Holz glätten. Aber in dem Moment, als er ausholte, um den ersten Schlag zu machen, erstarrte er plötzlich. Hörte er doch ein leises Stimmchen, das ihn anflehte: "Schlag mich nicht so fest!" - Kannst du dir vorstellen, was für ein Gesicht der Meister Kirsche da gemacht hat? Mit erschreckten Augen sah er sich im Zimmer um. Woher kam diese Stimme? Es war niemand da! Er schaute in den Schrank, der verschlossen war, wie immer. Er schaute in den Korb, in dem er die Hobelspäne sammelte; er öffnete sogar die Tür, um draußen nachzusehen. Niemand war da. Na, so was! ...

Während sie weiter zu erzählen scheint:

Alle:

Und so blieb Lügenbold vorerst bei seiner Mutter. Und sie hätten glücklich sein können.

Wenn da nicht die Anderen gewesen wären.

Ein Anderer:
Kümmere dich besser um deinen Lügenbold.

Mutter:
Was ist denn passiert?

Ein Anderer:
Beim Stehlen hab ich ihn erwischt. Ich habe es gesehen mit eigenen Augen. Und trotzdem hat er es abgestritten. Gelogen hat er mir mitten ins Gesicht. Dein Balg.

Mutter:
Ist das wahr?

Lügenbold:
Nein, Mutter.

Ein Anderer:

Was? Da lügt er sogar seiner Mutter ins Gesicht. Ohne rot zu werden. Ja, lügen und nochmals lügen, das liegt eben in der Familie ...

Mutter:

Was hast du da?

Lügenbold:

Ein Stück Holz.

Ein Anderer:

Von meinem Kirschbaum.

Lügenbold:

Es hat auf dem Boden gelegen. - Ich möchte eine Figur daraus schnitzen. Eine, die sprechen kann.

Mutter: (*zum Anderen*)

Es hat auf dem Boden gelegen. Und morsch ist es auch schon.

Ein Anderer:

Und wenn es ganz und gar zerfallen gewesen wäre. Es ist mein Holz!

Mutter:

Wegen eines läppischen Astes, so ein Geschrei zu veranstalten. Schäm dich und verschwind von meinem Hof! Und vergiss dein Holz nicht ...

Der Andere geht. Die Mutter setzt sich erschöpft zu Boden. Der Lügenbold setzt sich zu ihr und tröstet sie.

Lügenbold:

Es hat wirklich auf dem Boden gelegen, Mutter. Auch wenn der Baum ihm gehört, so kann er doch wahrhaftig nicht beweisen, dass der Ast just von seinem Baum gefallen ist. Vielleicht hat der Wind ihn dorthin getragen?

Mutter:

So hat jeder seine Lügen und seine Wahrheiten, mein

Kind.

Lügenbold:

Es gibt sie also doch? Wahrheit? Und sogar mehr als eine? Die will ich sehen. Die will ich finden, Mutter.

Mutter:

Ach, Junge. Ach ...

Er legt seinen Kopf auf ihren Schoss und schläft ein.

SZENE:

IM TRAUM – MUTTER COURAGE

Im Schlaf begegnet Lügenbold der Mutter Courage.

Mutter Courage:

Lügenbold. Hörst du mich?

Lügenbold:

Ja. Ich höre dich. Wer bist du?

Mutter Courage:

Ist denn das wirklich von Bedeutung? Lügenbold.
Warum brichst du nicht auf? Warum liegst du noch
hier und schläfst und träumst?

Lügenbold:

Weil ich ein Nichtsnutz bin. Das sagen alle um mich
her. Ein Nichtsnutz bin ich. Ein Lügenbold. Nur im
Traum, da bin ich mutig genug, zu reisen. Nur im

Traum bin ich der Held, der auszieht und allerlei Abenteuer erlebt. Nur im Traum entdecke ich die Welt.

Mutter Courage:
Woher kannst du das wissen? Hast du es jemals schon probiert, tatsächlich fortzugehen?

Lügenbold:
Nein. Nein, das hab ich nicht!

Mutter Courage:
Und ist es dann nicht an der Zeit? Aufzuwachen? Loszuziehen?

Lügenbold:
Ich möchte ja. Doch fehlt es mir an Mut.

Mutter Courage:
Den Mut, den geb ich dir. Geh in die Welt. Ich werde immer bei dir sein und dich beschützen. Nun?

Lügenbold:

So will ich es versuchen. Mit deiner Hilfe. Mit deinem
Schutz.

Mutter Courage:

So geh denn hin. Und zweifle nicht an dir.

Alle:

Und so war es denn, dass der Lügenbold aufbrach in
die Welt, um Wahrheit zu finden und die Anderen
Lügen zu strafen.

SZENE:

BEIM VOLK MIT DEN KURZEN BEINEN

Der Lügenbold kommt in ein seltsames Königreich, dessen Einwohner allesamt kurze Beine haben. Lügenbold trifft zunächst auf Prinzessin Kurzbein und verliebt sich sofort in sie. Um ihr zu imponieren, schneidet er mächtig auf. Doch die Prinzessin merkt am Schmerz in ihren kurzen Beinen, dass er lügt. Daraufhin sagt er ihr die Wahrheit über sein Dorf, den Ruf seiner Familie und seiner Suche nach Wahrheit. Sie entdecken dadurch ihre Gemeinsamkeit. Beiden wird nachgesagt, sie seien Lügner und Nichtsnutze. Der König verspricht, dass Lügenbold seine Tochter heiraten darf, wenn er die Wahrheit findet und sein Volk vom Leid der kurzen Beine befreit.

Prinzessin Kurzbein:
Gestatten der Herr, Kurzbein, Prinzessin Kurzbein!

Lügenbold: (*ergriffen, stotternd*)

Ich heiße Lügenbold. Ich freue mich, dich kennen-
zulernen, Prinzessin Kurzbein.

Prinzessin Kurzbein:

Woher kommst du, Lügenbold? Ich habe dich hier in
unserem Reich noch nie zuvor gesehen?

Lügenbold: (*schneidet auf, um Eindruck zu schinden*)

Da wo ich herkomme, da ist alles aus Gold. Der
Himmel, die Wolken, die Berge ... Und ich, ich bin der
Herrscher über all das. Prinz Lügenbold, sozusagen.
Habe die Ehre!

Prinzessin Kurzbein:

Ahhh, meine kurzen Beine. Sie schmerzen so sehr.
Kann es sein, dass das, was du da erzählst, gar nicht der
Wahrheit entspricht? Denn immer, wenn jemand lügt,
werden meine Beine noch kürzer als sie sowieso schon
sind. Und das tut mir schrecklich weh.

Offensichtlich trägst du deinen Namen nicht ohne
Grund, Lügenbold. Schäm dich.

Sie erhebt sich mühsam und will gehen. Er hält sie zurück.

Lügenbold:
Aber, es ist die Wahrheit. Glaub mir, Prinzessin:

Wenn alle Spannung in ein lautes Lachen kippt,
und wenn dein Fuß zu meinen Liedern wippt,
wenn all die Vögel in den Bäumen singen
und Sommerröcke bunt im Windhauch schwingen,
dann ist das Gold!
Ein Blättchen hier,
ein Barren dort,
ein ganzer Himmel voll,
ein ganzer Himmel voll,
Konfetti aus Gold!

Er tut so, als werfe er Konfetti über sie.

Verstehst du nicht? Das Gold, das ist in meinem Blick, in meinem Gefühl, auch für dich. Und ich, ich herrsche über all das. Ich bin der Herrscher meiner Fantasie!

Prinzessin Kurzbein:
Ach so. Jetzt glaube ich, zu verstehen, was du meinst. Es ist deine ganz persönliche Wahrheit und keiner außer dir kann sie noch sehen oder gar empfinden?

Lügenbold:
Nur du!? Vielleicht!? Ich glaub, ich spüre da so was in mir. Spürst du es auch?

Prinzessin Kurzbein:
Ich spür es auch. Die Beine tun nicht mehr weh. Sie wollen eher wachsen. Und ganz tief drin, das Herz, es schlägt ganz laut. Kannst du es hören?

Lügenbold:
Ach, das ist deins? Ich dachte eher, es wäre meins gewesen. Ganz laut rauscht es mir in den Ohren.

Prinzessin Kurzbein:

Ich höre auch stets, Lügen haben kurze Beine. Die Leute lachen über unser Volk. Wer einmal lügt, dem glaubt man nicht und wenn er auch die Wahrheit spricht.

Lügenbold:

Die Anderen können nicht verstehen, was in uns vorgeht. Sie sagen: einmal Lügner, immer Lügner. Und das die Bäume ihnen gehören. Aber das kann nicht stimmen. Deshalb bin ich ja unterwegs und suche nach der Wahrheit. Und dieser Weg führte mich auch zu dir.

Prinzessin Kurzbein:

Es wäre wunderschön, wenn du bei mir bleiben könntest. *(Ruft laut)* Vater, Vater, komm, ich will dich etwas fragen.

König Kurzbein erscheint im Gefolge der Zwerge. Ein Thron und ein roter Teppich werden ihm gebracht.

Der Zwergen-Aufstand:
Platz für den König! Platz für den König!

König Kurzbein:
Mein Kind. Du hast nach mir gerufen. Da bin ich!

Prinzessin Kurzbein:
Vater, ich möchte dir jemanden vorstellen. Meinen
neuen Freund. Lügenbold. Er ist wie wir auf der Suche
nach Wahrheit.

König Kurzbein:
Aha. Er soll weiter wegtreten, damit ich nicht zu ihm
hinauf schauen muss.

*Zwerge malen eine Markierung auf den Boden, auf die sich
Lügenbold stellen soll und schieben ihn dorthin.*

Der Zwergen-Aufstand:
Los. Los. Geschwind. Trete er weiter weg, damit seine
Majestät der König nicht zu ihm auf schauen muss.

Lügenbold tritt zurück. Muss nun aber sehr laut reden, damit der König ihn hört.

Lügenbold: *(ruft laut)*
Sehr geehrter Herr König. Ich bin froh, ihre Bekanntschaft zu machen.

König Kurzbein: *(zu den Zwergen)*
Was hat er gesagt?

Zwergen-Aufstand:
Er sagt, er sei froh, ihre Bekanntschaft zu machen.

König Kurzbein:
Ganz meinerseits. Ganz meinerseits.

Zwergen-Aufstand:
Ganz seinerseits. Ganz seinerseits.

Prinzessin Kurzbein:
Vater. Darf Lügenbold bei uns bleiben? Bitte!

König Kurzbein: (*zur Tochter, liebevoll*)

Aber warum, mein Kleines? Warum sollte er bei uns bleiben? Haben wir nicht alles, was wir brauchen?

Zwergen-Aufstand: (*in Richtung Lügenbold, grollend*)

Aber warum? Warum? Wir haben hier doch alles, was wir brauchen!

Zwerge stöhnen nach jedem Satz der Prinzessin auf. König fasst sich an seine Beine, weil sie offenbar aufhören zu schmerzen bzw. wachsen.

Prinzessin Kurzbein:

Weil er macht, das meine Beine nicht mehr schmerzen.

Zwergen-Aufstand:

Arrrrrgggggg.

Prinzessin Kurzbein:

Weil er macht, das mein Herz laut schlägt.

Zwergen-Aufstand:

OOOOOrrrrgggggg.

Prinzessin Kurzbein:

Weil er macht, das ich etwas Wahrhaftes fühle.

Zwergen-Aufstand:

IIIIrrrrgggggg.

König Kurzbein:

Liebste Tochter. Es bekümmert mich zu hören, dass du bis zum heutigen Tage offenbar etwas vermissen musstest, das ich dir nicht geben konnte. So sehr ich es auch versucht habe.

Zwergen-Aufstand (*jammernd und klagend*):

So sehr er es auch versucht hat.

König Kurzbein:

Aber auch ich habe seinerzeit ähnliches für deine Mutter, die Königin Kurzbein empfunden.

Gott hab sie selig.

Zwergen-Aufstand: (*seufzend*)
Gott hab sie selig.

König Kurzbein:
Ich werde also folgende Entscheidung treffen.

Zwergen-Aufstand: (*befehlend*)
Habt Acht. Der König spricht!

König Kurzbein: (*winkt Lügenbold heran*)
Komme er ein wenig näher, sodass ich ihn besser sehen
kann.

Zwergen-Aufstand:
Waaaasssss?

*Nach einem kurzen, mahnenden Blick des Königs in Richtung der
Zwerge sprechen diese zu Lügenbold:*

Komme er ein wenig näher, sodass seine Majestät ihn besser sehen kann.

Zwerge schieben ihn in Richtung Thron.

König Kurzbein:
Mein Junge. Gehe hinaus in die Welt, so wie du es vorhast. Finde die Wahrheit und beweise, dass wir, obwohl unser Volk mit wahrhaft kurzen Beinen ausgestattet ist, keine Lügner sind. Wenn das geschehen ist, sollst du zurückkommen und meine Tochter zur Frau nehmen.

Lügenbold:
Ihre Majestät König Kurzbein. Das werde ich mit großer Freude tun. Ich werde hinaus ziehen in die Welt, so wie ich es vorhatte und die Wahrheit finden. Ich werde allen beweisen, dass ihr Volk, obwohl es mit wahrhaft kurzen Beinen ausgestattet ist, nicht aus Lügnern besteht. Und dann werde ich zurückkommen und Prinzessin Kurzbein zur Frau nehmen.

Prinzessin Kurzbein: (*fällt erst Lügenbold, dann dem Vater um den Hals*)

Und dann werden wir ein Fest feiern, wie es noch keiner zuvor erlebt hat. Danke, Vater, danke.

Zwergen-Aufstand:

Es lebe der König! (*Zu Lügenbold*) Und jetzt gehe er!

Schieben Lügenbold hinaus.

SZENE:

AN DER WEGGABELUNG

Der Lügenbold kommt an eine Weggabelung; auf der einen Seite steht die Wahr-Sagerin, auf der anderen die personifizierte Lüge. Welchen Weg soll er nehmen?

Alle:

Und wie er so ging, tauchte vor ihm eine Weggabelung auf. Da wusste er zunächst nicht, sollte er nach links oder aber nach rechts abbiegen? Welcher würde der wahrhaft richtige Weg sein?

Wahr-Sagerin:

Guten Tag Lügenbold, wohin des Weges so früh am Tage?

Lügenbold:

Woher kennst du meinen Namen?

Wahr-Sagerin:

Ich bin eine Wahr-Sagerin und weiß daher alles bereits im Voraus. Ich weiß, wer wie heißt. Ich weiß, wer wohin gehen wird. Und ich weiß auch, was auf dem Weg passieren wird.

Lügenbold:

Ist das wirklich wahr?

Die personifizierte Lüge:

Glaub ihr nicht, mein lieber Junge. Niemand kann die Zukunft vorhersagen. Alles Lüge. Alles Aberglauben. Komm hier entlang. Komm. Sieh nur, auf diesem Weg gibt es viel weniger Hindernisse als auf dem da!

Wahr-Sagerin:

Pah, sage ich. Die Lüge lügt, wenn sie auch nur ihren Mund aufmacht. Es kommt nichts als Unwahrheit aus ihr heraus. Natürlich geht sie immer den Weg des geringsten Widerstandes. Aber das erscheint nur auf den ersten Blick leichter zu sein. Langfristig bringt dich

Ehrlichkeit eher an dein Ziel. Ehrlichkeit währt am längsten.

Die personifizierte Lüge: (*äfft nach*)
Ehrlichkeit währt am längsten. Wenn ich das schon höre. Wer heutzutage ehrlich ist, kommt nicht weit, mein Junge. Glaube mir.

Wahr-Sagerin: (*empört, wütend*)
Du lügst doch wie gedruckt. Du, du … LÜGE. Lüge, alles Lüge …

Die personifizierte Lüge: (*redet sich in Rage*)
Pass auf, was du sagst … Du Scharlatanin, Pfuscherin, Quacksalberin, Bauernfängerin …

Wahr-Sagerin:
Schwindler, Heuchler, Balkenbieger, Tatsachenverdreher …

Die Wahr-Sagerin und die personifizierte Lüge streiten sich heftig. Während sie das tun, geht Lügenbold einfach weiter und trifft die Entscheidung, einen eigenen, dritten Weg zu gehen. Die zwei anderen sind so mit sich beschäftigt, dass sie es gar nicht bemerken.

SZENE:

INMITTEN DER LÜGENGEBÄUDE

In der Stadt trifft der Lügenbold Einwohner/innen inmitten ihrer Lügengebäude. Jede/r baut an ihrer/seiner eigenen Lebenslüge. Alle scheinen nur bei sich zu sein und sich selbst zu betrügen: Da gibt es eine Politikerin, die behauptet, dass alle im Leben die gleichen Chancen haben; einen Wirtschaftsboss, der fest davon überzeugt ist, dass es ein niemals endendes Wirtschaftswachstum geben kann; eine Frau, die meint, dass nur schöne Menschen gut genug sind und auch ausschließlich sie selbst Verantwortung für ihre Selbstoptimierung tragen; ein Journalist, der für eine gute Geschichte auch mal moralische Grundwerte sausen lässt.

Kraft, Klau, Klump und Kritzel sind dabei, wie in einem riesigen Spiel mit Bauklötzen, Lügengebäude auf- und abzubauen:

Kraft:

Kein Kind soll zurückbleiben. Alle gleiche Chancen.

Alle gleich. Sie müssen sich nur anstrengen.

Anstrengen. Anstrengend. Anstrengend.

Klau:

Wachsen. Wachstum. Immer weiter hinaus. Hoch hinaus. Besser werden. Immer besser. Das kann nicht jeder. Eifrig, eifrig musst du sein. Eilig, eilig. Elitär.

Klump:

Schön sein. Schlank sein. Schön, schön, schön. Verantwortung übernehmen. Abnehmen. Fit sein. Jung sein. Gesund sein.

Kritzel:

Wo kämen wir denn hin, wenn jeder gleich seinen Flieger gegen den Berg setzen würde? Wo kämen wir hin, wenn jeder sein Land verlassen würde, nur weil ein bisschen Krieg herrscht, Armut, Hunger? Wohin? Ein bisschen hart im nehmen sollte man schon sein. Krankheit aushalten. Krieg aushalten. Karikaturen aushalten. Durchhalten.

Klump:

Wer schön sein will, muss leiden. Hungern. Hungern.

Schlank werden. Schön schlank. Fit. Jung. Belastbar.
Flexibel.

Klau:
Flexibel. Belastbar. Allzeit bereit. Für Wachstum und
Wohlstand. Wer will, der kann auch. Wer kann, der
will auch. Wo ein Wille ist, ist auch ein Weg. Weg, weg,
jetzt komme ich. Ich. ICH!

Kraft:
Keiner bleibt zurück. Keiner bleibt zurück. Dafür stehe
ich. ICH! Mit meinem guten Namen. Ich gebe mein
Ehrenwort. Mein Ehrenwort. Mein. Meins. MEINS.
MEINS.

*Während Lügenbold fragt und versucht, Kontakt aufzunehmen,
bleiben alle in ihrer Tätigkeit gefangen und flüsternd weiter ihren
Text, nehmen ihn nicht wahr:*

Lügenbold:
Hallo? Wo bin ich denn hier? Wer seid ihr? Hallo?

Alle türmen immer eiliger ihre Bauklötze und -steine zu hohen

Bergen übereinander. Lügenbold ruft laut:

Lügenbold:

Hallo? Hört ihr mich denn nicht? Seht ihr mich denn

nicht? Ich heiße Lügenbold. Ich bin auf der Suche nach

WAHRHEIT!

Beim letzten Wort erschrecken sich alle so furchtbar, dass sie

durch einen kurzen Ruck, der durch die Körper geht, die Steine

umwerfen, nur um sie dann umso geschäftiger von Neuem

aufzubauen:

Kraft:

Wahr. War. Wer … Wer frühzeitig in gute Bildung

investiert, der sorgt am besten für die Zukunft vor.

Doch. Doch. Digitale Wirtschaft.

Klau:

Digital. Medial. Global. World Wide. Networking.

King. Kong. Kongenial. Genial. Wachstum. Wachsen.

Wohlstand. Nicht stehen bleiben.

Klump:

Nicht stehen bleiben. Laufen. Trainieren. An sich
arbeiten. Work-out. Work-Life-Balance. Kein
Zuckerschlecken. Ein Bonbon: 350 kcal. Ein Zucker:
394 kcal. Schokolade: 563 kcal …

Kritzel:

Aufschreiben. Hinter die Ohren schreiben. Weiter
schreiben. Wer schreibt, der bleibt.

Lügenbold:

Ich glaube, hier bin ich wohl falsch. Ich glaube, hier
werde ich die Wahrheit nicht finden. Ich gehe lieber.
Auf Wiedersehen.

Lügenbold zieht weiter. Unbemerkt.

SZENE:
IN DER KIRCHE

Der Pfarrer predigt Gebote wie „Du sollst nicht lügen", obwohl es die gar nicht gibt. Und lügt doch vielleicht auch selber?

Lügenbold tritt in die Kirche ein, in der ein Pfarrer gerade vor der Gemeinde über das 8. Gebot predigt.

Pfarrer:
Liebe Gemeinde! „Du sollst nicht lügen", heißt es doch und …

Lügenbold:
Sie lügen!

Gemeinde:
Pssst!

Lügenbold:
Vielleicht ist es schon jemand aufgefallen, aber das

achte Gebot heißt: "Du sollst nicht falsch Zeugnis reden wider deinen Nächsten".

Gemeinde:
Klugscheißer!

Pfarrer:
Pssst!

Lügenbold:
Es verbietet also nur die falsche Aussage unter ganz besonderen Umständen. Ich meine, es ist ja auch eine alltägliche Sünde, nicht wahr? Wer lügt nicht? Wenn wir alle lügen, sogar sie, Herr Pfarrer, dann ist ja kein Bester dabei, dann ...

Gemeinde:
Oh Gott!!!

Pfarrer:
Gott gebietet uns im achten Gebot, überall und

jederzeit die Wahrheit zu sagen und die Taten des Nächsten wenn immer möglich positiv auszulegen, damit ein vertrauensvolles Zusammenleben unter den Menschen möglich wird.

Gemeinde:
Amen!

Lügenbold:
Ich soll das jetzt also positiv auslegen, dass sie gelogen haben? Ein Auge zudrücken, meinen sie? Auch wenn sie nicht ganz die Wahrheit gesagt haben? Immerhin meinen sie es ja gut mit uns. Sie wollen uns nur Gutes. Da kann man schon mal ein bisschen schummeln ...

Gemeinde:
Um Himmels Willen!

Pfarrer:
Das achte Gebot verbietet uns jede Falschheit und den ungerechten Schaden am Ruf eines anderen. Daher

verbietet es neben dem falschen Zeugnis: die Verleumdung, die Lüge, die Herabsetzung, die üble Nachrede, die Schmeichelei, das vorschnelle Urteil und den vermessenen Verdacht.

Gemeinde:
Amen!

Lügenbold:
Schmeicheln wollte ich ihnen auch gar nicht. Gewiss nicht. Aber ich verstehe nicht: Eben sollten wir ihre Tat positiv auslegen, damit wir hier gut Zusammenleben können und nun sollen wir gar nichts falsch sagen. Also, ich verstehe jetzt nicht ...

Pfarrer:
Die Glaubwürdigkeit einer Person sollte nicht angegriffen oder vernichtet werden. Das ist ein schwerwiegender Eingriff in die Würde des Menschen.

Lügenbold:

Hochwürden, sie …

Pfarrer:

Wer dem guten Ruf des Nächsten durch Verleumdung und üble Nachrede geschadet oder ihn ruiniert hat, muss den begangenen Schaden nach Kräften wieder gutmachen.

Gemeinde:

… und vergib uns unsere Schuld, wie auch wir vergeben unseren Schuldigen. Und führe uns nicht in Versuchung, sondern erlöse uns von dem Bösen …

Lügenbold:

Ich vermute, auch hier werde ich nicht wirklich weiterkommen auf meiner Suche.

Gemeinde:

… denn dein ist das Reich und die Kraft und die Herrlichkeit. In Ewigkeit. Amen

Während die Gemeinde betet, schleicht sich Lügenbold aus der Kirche hinaus und geht weiter seines Weges.

SZENE:

IM LÜGENLABOR

Im Lügenlabor werden mit wissenschaftlichen Mitteln Krankheiten erforscht und was Wahrheit und was Lüge sein könnte. Der Doktor doziert z. B. über das Münchhausen-Syndrom.

Doktor:

Guten Tag.

Lügenbold:

Guten Tag. Wer sind Sie?

Doktor:

Ich bin Doktor für hysterische Medizin, für choreografische Psychiatrie und überhaupt. Ich habe ich jede Menge Ahnungen.

Lügenbold:

Ahnungen von was?

Doktor:

Von den Menschen, mein Sohn. Von den Menschen und dem, was sie fühlen oder nicht fühlen.

Lügenbold:

Was sie nicht fühlen? Und was machen sie hier?

Doktor:

Ich untersuche. Diese Patienten zum Beispiel.

Lügenbold:

Aha. Und was ist so besonders an diesen Patienten?

Doktor:

Dieser hier leidet zum Beispiel an ICD 10 F68.1!

Lügenbold:

An was?

Doktor:

ICD 10 F68.1! Dem Münchhausen-Syndrom!

Lügenbold:

Ah, Münchhausen kenne ich. Von dem hat mir meine
Mutter Geschichten erzählt.

Patient M:

Aua, aua, aua ... Mir tut alles weh. Mir geht es
schlecht ... aua, aua, aua ...

Lügenbold:

Ihm tut alles weh. Sie müssen ihm helfen.

Doktor:

Er leidet nicht wirklich an Schmerzen. Er erfindet sie
nur. Ruft etwas hervor, was eigentlich gar nicht da ist.
So fantasiereich wie Münchhausen seine Geschichten
ausschmückte, kann dieser Patient mit seinen
Krankheiten überzeugen.

Patient M:

Aua, aua, aua ... Mir tut alles weh. Mir geht es
schlecht ... aua, aua, aua ...

Lügenbold:

Aber warum tut er denn so was, wenn er gar nicht wirklich krank ist?

Doktor:

Er erschleicht sich Aufmerksamkeit und Mitgefühl.

Lügenbold:

Das ist traurig. Wie gut, dass sie sich mit dem Fühlen auskennen.

Doktor:

Aber, irgendwann, wenn er wirklich einmal krank ist und ihm ganz ehrlich alles wehtut, dann glaubt ihm keiner mehr. Wer einmal lügt, dem glaubt man nicht ...

Patientin A:

Gestern aber, gestern war alles noch wie gewöhnlich. Wie gewöhnlich.

Lügenbold:

Was sagt sie?

Doktor:

Ah, diese Patientin leidet unter dem Alice-Affekt.
(*Flüsternd zu Lügenbold*) Sie glaubt, sie sei in einen
Kaninchenbau gefallen und fühlt sich seither mal groß
und dann wieder ganz klein.

Lügenbold:

Vielleicht glaubt sie nicht nur dort zu sein. Vielleicht ist
sie es tatsächlich. Vielleicht fühlt sie sich wahrhaft klein.
Oder groß. Sie müssen das doch wissen. Sie kennen
sich doch mit dem Fühlen aus?

Patientin A: (*redet schnell und aufgeregt*)

Als das Kaninchen seine Uhr aus der Westentasche
zog, nach der Zeit sah und eilig fortlief, rannte ich ihm
nach über den Grasplatz, und kam noch zur rechten
Zeit, um es in ein großes Loch unter der Hecke
schlüpfen zu sehen. Den nächsten Augenblick war ich

ihm nach in das Loch hineingesprungen, ohne zu bedenken, wie in aller Welt ich wieder herauskommen könnte. Ehe ich noch einen Gedanken fassen konnte, fühlte ich schon, dass ich fiel, wie es schien, in einen tiefen, tiefen Brunnen. In in ein tiefes, tiefes Loch.

Patient Q.: (*redet sehr langsam und bedrückt*)
Es ist so deprimierend. So sehr man die Wahrheit auch zu finden versucht. Alles verschwindet in diesem tiefen, tiefen Loch. Alles bleibt nur ein Kampf gegen große, sich immerfort drehende Windmühlen.

Doktor: (*pragmatisch*)
Mittelgradige Episode von Don-Quichote-Depression. Betroffene wie er leiden unter einer gedrückten Stimmung und einer Verminderung von Antrieb und Aktivität. Die Fähigkeit zu Freude, das Interesse und die Konzentration sind vermindert. Ausgeprägte Müdigkeit kann nach jeder kleinsten Anstrengung auftreten ...

Lügenbold stupst Patient Q leicht an, der offenbar kurz
eingeschlafen ist.

Lügenbold:
Entschuldigen sie? Darf ich sie etwas fragen? Wenn sie
auch schon auf der Suche nach der Wahrheit waren,
vielleicht können sie mir einen Tipp geben. Wohin ich
gehen soll, zum Beispiel.

Patient Q reagiert nicht mehr.

Patient P:
Gehen sie auf keinen Fall zu den Trollen. Die bringen
nur Unglück und Verderben. Alles Dämonen. Glauben
sie ihnen nicht. Glauben sie niemandem. Nicht auf dem
Wasser, nicht in der Wüste. Nicht den Reichen, nicht
den Armen.

Doktor:
Peer-Paranoia. Der Patient leidet unter
Verfolgungswahn und -ängsten.

Patient P:

Glauben sie auch ihm nicht. Begriffenfeldt.

Begriffenfeldt. Er ist gar kein Doktor. Er lügt. Kein

Doktor. Ich weiß es. Lüge. Alles Lüge.

Lügenbold:

Lüge? Alles Lüge? Wem also soll ich glauben? Wem?

Doktor: (*wird nun hektisch und will Lügenbold so schnell wie möglich loswerden*)

Besser sie gehen jetzt. Sehen sie denn nicht, dass ihre

Anwesenheit den Kranken nicht guttut?

Lügenbold:

Aber ...

Doktor:

Gehen sie, sage ich. Auf der Stelle!

Lügenbold dreht er sich noch einmal um und nimmt wahr, wie Patient P durch eine grüne Scherbe schaut und lächelt.

SZENE:

IN DER STILLE

VATER MORGANA

Lügenbold ist müde und allein. Er weiß nicht weiter. Alles scheint verwirrend. Je mehr unterschiedliche Informationen er bekommt, desto weiter scheint eine Antwort entfernt zu sein. Er hadert. Soll er aufgeben? In der Stille aber hört er sich selbst.

Lügenbold:

Ach, ich bin so müde. Keinen Schritt weiter bin ich. Keinen Schritt weiter geh ich. Nichts weiß ich. Je mehr Antworten, desto mehr Fragen. Was ist Lüge? Was ist Wahrheit? Wo komm ich her? Wo soll ich hin?

Ist das die Wahrheit, dass es sich an manchen Tagen so wunderbar frei anfühlt, allein zu sein. An anderen wiederum derart einsam, dass sich das Herz zusammenzieht wie eine vertrocknete Rose?

Er beginnt leise zu weinen.

Hier sitze ich nun, mitten in der Welt und weiß nicht weiter. Hier bin ich nun. Mein Traum erfüllt sich und doch fühlt sich alles so falsch an. Und es scheint niemanden zu geben, der es besser weiß als ich.

Während er mit den Händen die Erde betastet, findet auch er eine grüne Scherbe, erinnert sich an das Lächeln von Patient P und schaut durch sie hindurch. Da erscheint eine Gestalt am Horizont. Doch ist es unklar, ob sie wirklich existiert oder nur in der Fantasie des Betrachters. Sie ist im Dunst gefangen, wie wabernd.

Lügenbold:
Hallo! Hallo, du da hinten! Hörst du mich? Komm her! Hilf mir! Kennst du dich hier aus? Weißt du, wo ich hinmuss? Weißt du, wo ich herkomme? Weißt du, was Lüge ist und was die Wahrheit?

Vater Morgana:
Die Einsamkeit ist wie ein Regen.
Sie steigt vom Grund hinauf, der Dunkelheit entgegen.
Die Wahrheit scheint im Dunst so fern.

Weit, weit, so weit entlegen.

Regnet hernieder nur in manchen Stunden,

wenn Tränen fließen, flüssig heißes Salz.

Dann ist die Seele voller Durst.

Entsetzlich durstig. Ja, fürwahr.

Doch von der Lüge ganz entbunden.

Enttäuscht, tief traurig, aber klar.

So klar!

Lügenbold:

Was? Was sagst du? Wer bist du?

Vater Morgana:

Bald, bald ...

da geht die Einsamkeit.

Es ist noch immer alles fortgegangen,

sobald es kam.

Trau nur. Trau nur dir selbst!

Erst ist es kalt, dann wird es wieder warm.

Wandel.

Geh. Geh hinaus.

Der Weg ist dir bereitet.

Zu jeder Zeit.

Und jeder Weg, der führt wohin.

Gedanken ziehn wie Wolken.

Gefühle sind nicht du.

Dein Atem ist der Sinn.

Das Jetzt.

Das Hier.

Glaube dir nur.

Glaube.

Glaube dir.

Lügenbold:

Was? Bleib. Bitte. Was, was hast du gesagt? Was, was hast du gemeint? Bleib doch. Bitte.

Die Gestalt scheint sich aufzulösen. Lügenbold bleibt allein zurück. Es ist ganz still. Furchtbar still. Er sitzt da. Der Nebel löst sich langsam auf.

S Z E N E :

BEIM THEATER TRUG

Beim Ensemble des Theater Trug versuchen Spieler/innen eine künstlerisch-komische Herangehensweise an die Themen Lug, Trug und Wirklichkeit!

Die Stille wird durchbrochen durch lautes Gelächter. Die Figuren des Theater Trug treten auf. Bunte Narren und Gaukler.

Narr 1:

Was sitzt du denn hier und bläst Trübsal? Das Leben ist zu schön, um wahr zu sein.

Narr 2:

Und zu kurz. Zu kurz ist es auch dafür!

Lügenbold:

Doch ja, so scheint es. Aber alles braucht auch seine Zeit. Und manchmal muss es eben regnen, damit die

Sonne wieder scheint! Und wenn man die Augen ganz leise schließt, hört sich der Regen an wie ein Applaus.

Er schließt die Augen. Die Narren applaudieren lautstark, so das er sich ihnen wieder zuwendet.

Narr 3:

Hört, hört. Es scheint ein kluger Kopf zu sein, dieser Trübsal-Blaser.

Lügenbold:

Ich bin Lügenbold! Lügenbold!

Narr 1:

Komm Lügenbold, erfinden wir Geschichten, die uns zum Lachen bringen.

Narr 2:

Bunte, schöne, schräge Geschichten.

Narr 3:

Wir wollen lügen, dass sich die Balken biegen.

Narr 1:

Lügen, wie gedruckt.

Narr 2:

Das Blaue vom Himmel hinunter. Voller Lust. Voller Leidenschaft.

Lügenbold:

Aber ich wollte doch nicht mehr lügen, sondern die Wahrheit finden.

Narr 3:

Gut erfundene Geschichten sind der Wahrheit näher, als du denkst. In jeder Einzelnen steckt ein Fünkchen davon.

Narren:

In jeder steckt ein wahrer Kern!

Lügenbold: (*melancholisch, weil er sich daran erinnert, wo er herkommt*)

Das hat meine Mutter auch immer gesagt. Sie hat mir so wunderbare Lügengeschichten erzählt. Ich vermisse sie so.

Narren:

Komm Lügenbold, da hilft nur spielen. Steh auf und spiel mit uns!

Lügenbold:

Spielen? Was denn? Wie denn? Warum denn?

Narren:

Beim Spielen kannst du alles sein, was du willst. Hier kannst du alles tun, wie du willst. Ganz ohne Zweck. Ganz ohne Grund. Ganz einfach so.

Lügenbold:

Das hört sich verlockend an. Das würde ich sehr gern probieren. Zu sein. Ganz einfach. Hier. Zu tun. Ganz einfach. Ohne Grund.

Narr 1: (*setzt sich eine rote Nase auf*)
Was also willst du sein? Vielleicht ein Clown, der
Tränen trocknet und andere zum Lachen bringt?

Narr 2: (*setzt sich eine Krone auf*)
Vielleicht ja auch ein König, der über alles herrschen
kann auf seinem Thron?

Narr 3: (*setzt sich einen Zauberhut auf*)
Oder gar ein Zauberer, der die Welt verändern kann
nach seinem Sinn, mit nur einem Spruch voll
geheimnisvoller Wörter?

Lügenbold:
Das alles kann ich sein?

Narren:
Das alles kannst du sein! Lügenbold! Das alles!

Lügenbold:

Aber ihr tut ja nur als ob. All das ist eine Lüge! Es ist doch nicht die Wahrheit! Es ist doch nicht die Wirklichkeit.

Narr 1:

Es ist die Wirklichkeit für einen Moment. Für den Moment, den du erschaffst.

Narr 2:

Nicht mehr, mein Freund.

Narr 3:

Doch auch nicht weniger.

Narren:

All das bist du. Für einen Moment. All das ist in dir. Hier und jetzt!

Lügenbold nimmt die Krone und setzt sie sich auf.

Lügenbold:

So nehme ich die Krone und möchte ein König sein.

Denn ich liebe eine Prinzessin und möchte sie glücklich
machen.

*Die Narren werfen Konfetti aus Gold über den König und in
Lügenbold blitzt eine weitere Erinnerung auf. Die Narren sprechen
zu ihm, während er bei sich selbst ist.*

Narr 1:

Macht Platz, macht Platz für Eure Majestät, Lügenbold
den Ersten.

Lügenbold:

Konfetti aus Gold.

Narr 2:

Herrscher über alles Gold. Zu Lande, zu Wasser und in
der Luft.

Lügenbold:

Herrscher über meine Fantasie.

Narr 3:

Sollen wir denn alles bereiten für ein großes

Hochzeitsfest?

Lügenbold:

Ein großes Hochzeitsfest!

Narren:

Hoch lebe der König!!!

Lügenbold nimmt sich die Krone ab und unterbricht das Spiel.

Lügenbold: (*erfreut und voller Zuversicht*)

Oh liebe Narren. Ich danke euch. Ich danke euch so

sehr. Ihr habt mich an etwas erinnert, von dem ich

vergessen hatte, dass ich es bereits wusste.

.

Narren:

Nicht der Rede wert. Es war uns ein Vergnügen, dich zum Lachen zu bringen.

Lügenbold:

Macht es gut. Ich werde nun weitergehen. Meinem Ziel entgegen.

Narren:

Eine gute Reise, Lügenbold. Mach's gut!!!

SZENE:

IN DER AKADEMIE DER SCHÖNEN KÜNSTE

Der bildende Künstler Monsieur Magritte behauptet, eine abgebildete Pfeife sei keine Pfeife und der Schriftsteller Herr Bichsel gar, ein Tisch könne auch Stuhl heißen. Der Philosoph Precht denkt und denkt und denkt sich unterschiedliche, theoretische Konstrukte aus, was es mit der Wahrheit auf sich haben könnte. Dabei vergessen alle drei Weisen ganz das wirkliche Leben?

Die drei Personen sitzen wie die drei weisen Affen auf der Bühne. Sie flüstern vor sich hin:

Precht, der Philosoph:
Habe nun, ach! Philosophie,
Und ...

Monsieur Magritte:
Und ...

Herr Bichsel:

Und ...

Precht, der Philosoph:

Durchaus studiert, mit heißem Bemühn.

Monsieur Magritte:

… mühn ...

Herr Bichsel:

… mühn ...

Precht, der Philosoph:

Da steh' ich nun, ich armer Tor,

Und bin so klug als wie zuvor!

Monsieur Magritte:

… so klug als wie zuvor!

Herr Bichsel:

… so klug als wie zuvor!

Lügenbold: (*gut gelaunt, voller Elan*)

Guten Tag allerseits. Ich grüße sie herzlich. Mein Name ist Lügenbold der Erste.

Die drei erwachen aus ihrer Trance und wenden sich wie ertappt ihren Arbeiten zu. Monsieur Magritte malt an seiner Staffelei. Herr Bichsel schreibt. Precht studiert Schriften.

Monsieur Magritte:

Magritte, Monsieur Magritte. Bonjour.

Lügenbold:

Ein schönes Pfeifchen malen sie da.

Monsieur Magritte:

Ceci n'est pas une pipe, Monsieur.

Lügenbold:

Wie bitte?

Monsieur Magritte:

Das ist keine Pfeife, mein Herr.

Lügenbold:

Aber!? Ich sehe doch, dass es eine ist. Eine Pfeife. Wie
nun mal eine Pfeife auszusehen hat. Braun.
Geschwungen. Ich kann förmlich den Geruch
wahrnehmen, den sie verbreiten würde, hätten sie sie
gestopft. Würden sie sie rauchen. Pfeifentabak. Ganz
eindeutig. (*Verschmitzt*) Lügen sie mich also nicht an,
Monsieur.

Monsieur Magritte:

Ein Bild ist nicht zu verwechseln mit einer Sache, die
man berühren kann. Können Sie meine Pfeife stopfen?

Lügenbold:

Natürlich nicht!

Monsieur Magritte:

Natürlich nicht! Sie ist nur eine Darstellung. Hätte ich auf mein Bild geschrieben, dies ist eine Pfeife, so hätte ich gelogen. Das Abbild einer Marmeladenschnitte ist ganz gewiss nichts Essbares.

Lügenbold:

Das Abbild einer Marmeladenschnitte ist ganz gewiss nichts Essbares. Ja. Das stimmt. Aber ...

Herr Bichsel:

Es sei denn, der Mensch hätte bestimmt, dass jegliches Bild, das eine Marmeladenschnitte abbildet, auch Marmeladenschnitte heißen würde.

Lügenbold:

Was?

Herr Bichsel:

Dem Tisch sagen wir Tisch, dem Bild sagen wir Bild, das Bett heißt Bett, und den Stuhl nennt man Stuhl.

Warum eigentlich?

Monsieur Magritte:
Die Franzosen sagen dem Bett "li", dem Tisch "tabl",
nennen das Bild "tablo" und den Stuhl "schäs", und sie
verstehen sich.

Precht, der Philosoph:
Und die Chinesen verstehen sich auch.

Lügenbold:
Aber ja. Wieso?

Herr Bichsel:
Warum heißt das Bett nicht Bild? Ich bin müde, ich
gehe ins Bild.

Lügenbold:
Ich weiß es nicht. Darüber habe ich noch nie
nachgedacht. Vielleicht, weil es nicht wahr wäre?

Precht, der Philosoph:

Wahrheit, Lüge. Was ist was?

Lügenbold:

Auch das weiß ich noch nicht ganz. Deshalb bin ich auf der Suche danach.

Precht, der Philosoph:

Wir sind uns selbst unbekannt, wir Erkennenden, wir uns selbst. Das hat seinen guten Grund. Wir haben nie nach uns gesucht – wie sollte es geschehen, dass wir uns eines Tages fänden? Nietzsche.

Lügenbold:

Aha!?

Precht, der Philosoph:

Die Augen, Lügenbold. Du musst die Augen aufmachen. Und die Ohren. Hören, riechen, schmecken. All unser Erkennen hängt von unseren Sinnen ab. Was wir nicht hören, nicht sehen, nicht fühlen, nicht schmecken, nicht ertasten können, das nehmen wir auch nicht wahr und es kommt in unserer Welt nicht vor.

Lügenbold:
Also kommt Wahrheit von wahrnehmen?

Precht, der Philosoph:
Sagt der Vaterfisch zu seinem Sohn: Die Welt ist ein großer Kasten voller Wasser! Verstehst du?

Lügenbold:
Und wir sagen, das Holzding mit den vier Beinen ist ein Tisch.

Herr Bichsel:
Oder ein Bett?

Monsieur Magritte:
Auf jeden Fall keine Pfeife.

Precht, der Philosoph:

Eine umfassende objektive Sicht der Dinge kann es nicht geben. Unsere Welt ist niemals die Welt, wie sie „an sich" ist.

Lügenbold:

Also bin ich auch nur ein Lügner, wenn mich andere als Lügner wahrnehmen!?

Precht, der Philosoph:

Oder du dich selbst?! Lügenbold.

Lügenbold:

Das ist nicht, was ich bin. Das ist die Wahrheit.

Precht, der Philosoph:

So hast du schon ein großes Stück von ihr gefunden.

Lügenbold:

Ja. Doch. Ich danke euch für eure Hilfe. Auf Wiedersehen, die Herren.

Precht, der Philosoph:

Auf Wiedersehen.

Schlägt ein Buch auf und versinkt darin ...

Monsieur Magritte:

Au revoir, menteur!

malt weiter ...

Herr Bichsel:

Ade. Ade. Läuten heißt stellen, frieren heißt schauen, liegen heißt läuten, stehen heißt frieren, stellen heißt blättern ...

Während sich alle Herren wieder in ihre Arbeiten vertiefen, verlässt Lügenbold alleine die Akademie und geht Richtung Gipfel.

SZENE:

AUF DEM BERG

IM LUFTSCHLOSS

Der Lügenbold kommt auf dem Gipfel des Berges an. Dort steht das Luftschloss, in dem die Elfen Seilchenhüpfer, Sonnenblume, Siebensternchen und Senfkörnchen leben. Lügenbold ist sehr müde von den Eindrücken seiner Reise, aber auch glücklich.

Lügenbold steht auf dem Berg und schaut in die Ferne, auf die Welt.

Lügenbold:
Da steh ich nun. Und das ist die Welt, so wie ich sie sehe. Ich rieche den Himmel, ich höre die Flügel der Elfen schwirren. Ich schmecke den Tau auf meinen Lippen und fühle, dass es an der Zeit ist, anzukommen.

Er schließt die Augen und die Elfen erscheinen. Still und zart.

Elfen:

So gehe also dorthin, wo du selbst schon bist.

Lügenbold:

Hallo ihr. Geschöpfe meiner Fantasie. Wie heißt denn
ihr?

Elfen:

Seilchenhüpfer, Sonnenblümchen, Siebensternchen,
Senfkörnchen. Zu deinen Diensten.

Lügenbold:

Wie schön, euch zu sehen. Sagt mir, was ich nun tun
soll. Wo ich selber bin.

Elfen:

Aber du weißt es doch schon längst, Lügenbold. Traue
nur deinen Sinnen. Traue dir.

Lügenbold:

Kann ich denn zurückgehen ohne Antwort?

Elfen:

Aber ist denn das die Wahrheit? Das du keine
Antworten gefunden hast auf deiner langen Reise?

Lügenbold:

Ich weiß, dass ich viel weiß.

Ich weiß aber auch, dass ich nichts weiß.

Elfen:

Das ist sehr, sehr viel.

Lügenbold:

Ich weiß, dass sich alles wandelt zu jeder Zeit und
nichts ist, was es zu sein scheint.

Ich weiß, dass jeder eine andere Wahrheit sieht, dass
Lüge Wahrheit ist und Wahrheit Lüge.

Ich weiß, dass Lüge lustvoll ist und schmerzhaft auch
zugleich.

Ich weiß, dass ich alles sein kann für einen kurzen
Moment und nicht alle alles sein können, wenn sie es
nur wollen.

Ich weiß, dass Stille wehtun kann und furchtbar schön ist. Auch!

Ich weiß, dass man sich allein gut fühlen kann und gemeinsam einsam.

Ich weiß, dass man sich allein schrecklich einsam fühlen kann und gemeinsam so gut.

Ich weiß, dass alles was gestern war, heute vielleicht nur noch eine Lüge ist. Und alles, was morgen kommt, noch nicht wirklich wahr.

Elfen:

Spürst du es denn nicht? Spürst du es denn nicht?

Lügenbold:

Ich spüre, dass ich hier bin und jetzt hier her gehöre.

Ich spüre, dass ich meine Mutter vermisse und hier fremd bin.

Ich spüre, dass ich die Prinzessin liebe. Sogar ihre kurzen Beine! Und das sie gar nicht anders sein soll ...

Elfen:

Dann geh, wohin dein Herz dich trägt. Du weißt so
gut, was in dir ist. Du spürst genau doch, was du willst.
Lass los. Lass sein. Hinein nur. Immerzu. Hinein ...

Lügenbold:

So nah bin ich dem Himmel noch nie zuvor gewesen.
Danke. Danke euch. Nur einen Schritt noch. Einen
Herzschlag nur. Dann bin ich da. Für den Moment.
Willkommen und Adieu.

SZENE:

DIE HOCHZEIT
NAHE DEM SIEBTEN HIMMEL

Lügenbold steht erneut vor dem Thron von König Kurzbein. Ebenfalls anwesend sind seine Mutter, die Prinzessin, ein Zwerg und eine Elfe. Nun entscheidet sich, ob die Hochzeit stattfinden kann.

Alle:

Und so kam es denn, dass Lügenbold nach langer, langer Reise zurück zum Hofe des Königs kam, um Bericht zu erstatten und um die Hand der Prinzessin zu werben.

Lügenbold:

Ihre Majestät König Kurzbein. Ich bin hinaus gezogen in die Welt, so wie ich es vorhatte, um die Wahrheit zu finden. Ich wollte allen beweisen, dass ihr Volk, obwohl es mit wahrhaft kurzen Beinen ausgestattet ist, nicht aus

Lügnern besteht. Und jetzt bin ich zurückgekommen, um Prinzessin Kurzbein zur Frau zu nehmen.

König Kurzbein:
Du bist hinaus gezogen in die Welt, so wie du es vorhattest, um die Wahrheit zu finden. Du wolltest allen beweisen, dass mein Volk, obwohl es mit wahrhaft kurzen Beinen ausgestattet ist, nicht aus Lügnern besteht. Und jetzt bist du zurückgekommen, um mich um die Hand meiner Tochter zu bitten. Gespannt warten wir also darauf, was du zu sagen hast. So berichte uns denn Lügenbold, was ist Wahrheit?!

Alle:
So berichte uns denn Lügenbold, was ist Wahrheit?!

Lügenbold:
Gestern noch war mir die Welt so seltsam fremd. Heute ist sie wieder ganz vertraut. Was Lüge ist, was Wahrheit ist, bestimmt nur der Moment und dein ganz eigener Blick auf ihn.

König Kurzbein:

Was? Was soll das heißen? Fahre fort. Mein Kopf versteht noch nicht.

Lügenbold:

Spürt. Spürt. Die Füße bilden Wurzeln aus. Der Geist streckt seine Flügel in den blauen Himmel. Die Stimmen wie ein Echo. Das Herz so weit. Die Pferde trappeln. Die Vögel singen. Hier bin ich nun. Und weiß nur das: Ich bin, dass ich bin.

Zerg:

Nicht mehr?

Elfe:

Aber auch nicht weniger.

Lügenbold:

Und Wahrheit und Lüge sind nur die zwei Seiten einer einzigen Medaille.

Mutter:

Mein kluger Sohn. So stolz bin ich auf dich.

Lügenbold:

(*zur Mutter*) Was wäre Fremde ohne ein Zuhause? (*zum König*) Was wäre kurz denn ohne lang? (*zu Zwerg und Elfe*) Was wäre böse ohne gut? Was wäre Freiheit ohne Zwang?

Zwerg:

AAAArrrrrrrggggghhhhh

Lügenbold: (*zur Prinzessin*)

Nun bin ich hier. Bei mir angekommen. Bei dir angekommen.

Prinzessin:

Ich bin, dass ich bin. Du bist, dass du bist. Und wir sind, dass wir sind.

Lügenbold:

Ich liebe dich, egal ob deine Beine kurz sind oder lang.

Prinzessin:

Ich liebe dich, egal ob dein Schloss aus Luft ist oder aus Gold.

Zwerg:

AAAArrrrrggghh.

Beide:

Und wenn irgendjemand daran zweifelt, möge er uns das Gegenteil beweisen.

König Kurzbein:

Meine Beine sind zwar nicht länger geworden, trotzdem fühle ich mich erwachsen. Nehme also meine Tochter zu deiner Frau, Lügenbold. Du hast es dir verdient. Denn dein Gefühl ist wahr.

Die Elfe legt die Hände der Prinzessin und Lügenbolds ineinander. Alle jubeln und werfen goldenes Konfetti auf das Brautpaar.

Elfe:

Und so gab es denn ein rauschendes Hochzeitsfest und sie feierten gemeinsam, bis die Sonne glühend hinterm Berg versank. Prinzessin Kurzbein und Lügenbold aber lebten Hand in Hand nahe dem siebten Himmel ihr ganzes, langes Leben lang. Sie bekamen viele, viele Kinder. Und alle waren wunderschön. Ungelogen!

Alle:

Und wenn sich andere nach ihnen umdrehten und flüsterten „Lügen haben kurze Beine" oder ihnen nachriefen „Einmal Lügner, immer Lügner", dann lächelten sie nur. Denn sie wussten, dass sie glücklich waren. Und das ist die Wahrheit. Nichts als die Wahrheit.

ENDE

Das Stück „Lügenbolds Reise – Auf der Suche nach Wahrheit" wurde 2017 am Theater Düren uraufgeführt.

Es kann von einem professionellen Ensemble von 6 Darsteller*innen (davon mindestens 2 Herren) besetzt werden.

Ebenso verfügt es über genug Rollen für ein großes Amateurtheaterensemble.

Die Aufführungsrechte liegen bei der Autorin.

Verstehen kann man das Leben rückwärts,
leben muss man es aber vorwärts.

(Kierkegaard)

Verena Meyer

#vorwärtsrückwärtsseitwärtsran

Ein Stück für junge Menschen

FIGUREN

Im Dorf:

Anna

Otto

Mutter Frauke

Vater Manfred

Mitschüler*innen

Dorfbewohner*innen

Auf Reisen:

Rechts: Braunbärfamilie mit Vaterbär, Mutterbär, Bärenkindern

Links: Rotwild, Hirsch Brutus

Auf dem Berg: Regina und andere Rotkehlchen

Auf dem Grund: Maurus und andere Maulwürfe

Stimme von Band

PROLOG

*Das Licht fährt langsam hoch, während die Erzählstimme zu
hören ist.*

Stimme von Band:

In einer Zeit, irgendwann zwischen heute und kurz vor
morgen; in einem Dorf, nicht weit von hier, lebten ein
Junge und ein Mädchen. Und obwohl die zwei in
vielerlei Hinsicht das genaue Gegenteil voneinander zu
sein schienen, so waren sie doch beide eines: Suchende.

Anna:

Habt ihr das Wort Leben schon mal rückwärts gelesen?
N-E-B-E-L. Vorwärts: Leben. Rückwärts: Nebel!
Krass, oder? Mein Leben fühlt sich oft genauso an. Als
könnte ich die Hand nicht vor Augen sehen. So viel ist
möglich. Aber nichts ist klar. Nichts. Wohin ich will?
Das weiß ich doch nicht. Das ist es ja eben. Das ich das
nicht weiß.

Otto:

Meine Eltern wissen immer, was für mich gut ist. Sie
wollen, dass ich Abitur mache, studiere, was lerne. Was
Vernünftiges. Mathe ist was Vernünftiges, sagen sie.
Oder Medizin. Mein Vater ist Arzt. Ich könnte seine
Praxis übernehmen. Das ist praktisch. Meint er. Was
ich meine, weiß er nicht. Weil er nie zuhört. Oder nicht
da ist. Er wird halt gebraucht. Das möchte ich, glaube
ich auch mal. Gebraucht werden. Irgendwie.

ZUHAUSE

Die folgenden Szenen spielen simultan.

Anna kommt nach Hause. Schlüssel um den Hals. Mit Fast Food in einer Tüte, das sie sich von unterwegs mitgebracht hat. Sie ist allein. Zieht ihre Sachen aus. Schmeißt sie wahllos irgendwo hin, setzt sich auf den Tisch und isst aus der Verpackung. Es ist ganz still. Dann nimmt sie ihr Smartphone. Liest. Schreibt. Eventuell kann man die Texte auf einer Projektion mitlesen.

Anna:

Bin jetzt Zuhause.

Mutter:

Komme erst spät. Muss Doppelschicht machen.

Anna:

Ok.

Mutter:

Hab vergessen einzukaufen. Kannst du das machen?

Anna:

Ok.

Mutter:

Alles gut?

Anna:

Ja. *Kuss-Emoji*

Mutter:

Warte nicht auf mich.

Anna: *Richtung Publikum*

Doch. Ich warte. Ich warte auf dich, Mama. Ich warte

darauf, dass etwas passiert. Etwas Großes. Aber was soll

schon passieren? Anna ist von vorn und hinten gleich.

Vorwärts: Anna. Rückwärts: Anna. Langweilig. Wie

ich. Wie alles.

Stimme vom Band:

Sie war ein großes, zierliches Mädchen. Meistens trug sie einen roten Mantel, unter dessen Saum die dünnen Beine hervorlugten wie Besenstiele. Obwohl sie so zierlich und leicht war, fühlte sie sich oft schwer. Denn unter dem Mantel versteckt gab es etwas Schweres. Etwas, das sich wie ein Stein anfühlte. Was das war, wusste sie nicht. Sie wusste nur, dass es an manchen Tagen eher klein und an anderen wiederum riesengroß war. Und das machte ihr Angst.

Otto deckt mit Vater und Mutter den Tisch. Alles ist ordentlich. Gut bürgerlich. Spitzendecke. Porzellan mit Goldrand. Besteck. Kerze. Dazu weiter die Stimme:

Er lebte in einem kleinen Dorf mit Häusern und Bäumen. Inmitten der Häuser und Bäume ragte ein Berg hervor. Kein Bewohner des Dorfes hatte den Berg je betreten, denn es ging das Gerücht, dass Menschen, die den Gipfel erklimmen wollten, das Steingebilde zum Einsturz bringen und somit das Dorf für immer zerstören würden. Er aber wollte es genauer wissen, wollte Antworten. Oft versuchte er, seinen Eltern Fragen zu stellen. Aber die …

Otto:

Woher also will man wissen, ob es stimmt, wenn es noch nie jemand versucht hat?

Mutter:

Iss jetzt, bevor alles kalt wird.

Otto:

Aber, …

Vater:

Hast du nicht gehört, was deine Mutter gesagt hat?

Otto:

Doch, aber …

Vater:

Also iss jetzt.

Pause.

Otto:

Wenn es niemand versucht, kann es auch niemand wissen. Einer muss immer der Erste sein.

Vater:

Und gerade du willst der Erste sein, ja? Gerade du?

Otto:

Und warum nicht? Warum nicht ich?

Vater:

Bei deiner Kondition? Den Berg rauf? Wir wollen ja mal realistisch bleiben ...

Mutter:

Und außerdem ist es doch viel zu gefährlich, mein

Schatz. Das weißt du doch. Viel zu gefährlich.

Otto:

Aber, ...

Vater:

Hast du nicht gehört, was deine Mutter gesagt hat?

Otto:

Doch, aber ...

Vater:

Also gib jetzt Ruhe.

Pause

Otto:

Irgendwann werde ich hinaufsteigen. Irgendwann.

Vater:

Lerne du erst mal etwas Vernünftiges und dann reden

wir weiter.

Otto:

Aber, …

Mutter:

Hast du nicht gehört, was dein Vater gesagt hat?

Otto:

Ja, Mutter. Ja. Aber, …

Vater:

Du sollst jetzt essen.

Otto schweigt. Isst. Nimmt sein Smartphone.

Vater: *laut*

Und wie oft soll ich dir noch sagen, dass du beim Essen
dieses Ding weglegen sollst.

Otto:

Immer muss ich sollen. Ich will auch mal wollen.

Vater:

Wollen ist im Urlaub.

Mutter:

Und überhaupt. Wie redest du mit deinem Vater? Du sollst das lassen.

Otto:

Lass mich.

Otto: *Richtung Publikum*

Du sollst. Du musst. Ja. Mutter. Ja. Vater. Immer sage ich Ja und Amen. Immer versuche ich, möglichst nicht aufzufallen. Dabei habe ich so viele Fragen in mir. Und Wut. Eine unbändige Wut. Ich könnte ausrasten. Schreien. Toben. Amok laufen. Trotzdem bleibe ich ruhig. Brav. Wie im Koma. Ist euch das schon mal aufgefallen? Das AMOK rückwärts gelesen KOMA

heißt. Vorwärts: A-M-O-K. Rückwärts: K-O-M-A.
Krass, oder? Auch mein Name ist von vorn und hinten
gleich. Wie ich. Vorwärts: Otto. Rückwärts: Otto.
Langweilig. Wie alles.

*Anna hat die Kopfhörer ihres Smartphones in den Ohren und
bewegt sich zur Musik. Einige Passagen singt sie laut mit. Da sie
sich selbst nicht gut hört, klingt das hier und da schief. Aber das
macht ihr nichts aus.*

Immer muss ich alles sollen!
Immer muss ich alles sollen!
Jetzt lasst mich doch auch endlich mal etwas wollen!

Szenenwechsel

IN DER SCHULE

Schüler*innen stehen zusammen. Schreiben sich trotzdem per Whats App. Anna bewegt sich etwas abseits. Sie beobachten sie und kommentieren ihr Aussehen und Verhalten per Smartphone.

Schüler 1:

He, i bims! Mach mal Augen auf zwölf. Haste gesehen, was die wieder anhat? *Brech-Emoji*

Schüler 2: *Grins-Emoji*

Bäh. Voll out.

Schüler 3: *Daumen runter*

Geht gar nicht, Alter.

Schüler 2:

Kein Arsch und kein Tittchen, sieht aus wie Schneewittchen.

Schüler 1:

Gröl! *Mehrere Lachanfall-Emoji*

Schüler 3:

Mit dem Mantel wohl eher wie Rotkäppchen. *Zwinker-Emoji*

Schüler 1: *ironisch*

Du böser Wolf, du ...

Tippen wie wild weiter auf ihre Smartphones ein, während der Erzähl-Text gesprochen wird.

Stimme vom Band:

Häuser, Bäume und Berg standen auf einem weichen Untergrund und manchmal, in windigen Nächten, schien es, als würde sich die Erde leicht bewegen. Der Boden bestand aus allen Farben. An manchen Stellen war er blau, an manchen orange. Es gab sogar Flecken, die aussahen, als hätten sie Muster, karierte und getupfte, linierte und geblümte. Kein Bewohner des

Dorfes war je auf den Grund hinabgestiegen, denn es ging die Sage, dass Menschen, welche Löcher und Höhlen in den Boden graben würden, das Fundament des Dorfes zum Einsturz bringen und somit Häuser und Bäume für immer zerstören würden.

Otto auf. Geht auf die Schülergruppe zu.

Schüler 1:
He, Mops. Was geht?

Otto:
Ich wollte euch fragen, ob ihr Bock habt, nachher mit ins Kino zu gehen?

Alle:
Kino?

Otto:
Ja. Da läuft …

Schüler legt ihm gönnerhaft einen Arm über die Schulter.

Schüler 2:

Mensch Otto, dickes Haus, um mit dir irgendwo gesehen zu werden, musst du aber draufzahlen ...

Alle grölen laut. Äffen ihn nach.

Schüler 3:

Otto, du Mops. Hopp, hopp.

Schüler 1:

Ottos Mops hopst.

Alle:

Ottos Mops kotzt. Hops Otto. Hops.

Otto:

Ich zahle die Karten. Kein Problem, Mann. Und die Cola.

Schüler 1:

Er zahlt die Karten.

Schüler 2:

Und die Cola.

Schüler 3:

Und was ist mit Popcorn, Mopsi?

Otto:

Popcorn auch, wenn ihr wollt.

Schüler 3:

Popcorn auch, wenn wir wollen.

Alle:

Wie süüüüüüüüß.

Otto:

Kommt ihr? Baumstraße. Um fünf?

Alle:

Otto hofft. Fort Otto fort. Ogottogott.

Lachen und lassen ihn stehen. Er ruft ihnen nach.

Otto:

Um fünf. Ok? Ich warte am Eingang auf euch. Ich warte …

Szenenwechsel

VOR DEM KINO

Otto wartet mit mehreren Eintrittskarten in der Hand vor dem Kino. Es passiert aber nichts. Die Mitschüler kommen nicht. Er bleibt allein. Nach einer schier endlos erscheinenden Zeit zerreißt er die Karten, wirft die Papierschnipsel davon und geht. Parallel die Stimme vom Band.

Stimme vom Band:

Aber auf was sollte er warten und wie lange? Darauf, dass er so groß wurde wie die Eltern? Er hatte nicht den Eindruck, dass die wirklich Antworten auf seine Fragen hatten. Darauf, dass ihm dieser Gott begegnen würde, von dem sie sprachen? Er hatte ihn noch nie gesehen und wusste gar nicht, ob es ihn wirklich gab. Vielleicht, so dachte er, nutzt warten ja gar nicht. Vielleicht, so dachte er, müsste er darüber nachdenken, was er selbst tun könnte, um Antworten zu finden.

AM BAUM I

Anna sitzt mit dem Rücken an einen kahlen Baum gelehnt und denkt nach.

Stimme vom Band:

Also ging sie ein Stück aus dem Dorf hinaus, zu dem Platz, an dem ihr Lieblingsbaum stand. Der Baum hatte lange, dünne Arme wie sie und er war der einzige, der keine grünen Blätter trug. Viele Dorfbewohner waren der Meinung, der Baum müsse gefällt werden, da er keine Früchte trieb und zu nichts nützlich zu sein schien. Aber Anna war da ganz anderer Meinung. Sie setzte sich ins Gras, lehnte sich mit ihrem Rücken an den Stamm und begann zu denken.

Anna:

Ach Mensch, mein lieber Baum! Dir geht's auch nicht wirklich gut, oder? Was sollen wir nur tun? Es wäre so toll, wenn ich mit dir reden könnte.

Streichelt seine Rinde. Otto auf. Er schaut ungläubig.

Otto:

He du da, was machst du da?

Anna:

Dasselbe könnte ich dich fragen.

Otto:

Ich? Ich warte.

Anna:

Aha. Du wartest! - Ich denke nach. – Auf was wartest du denn?

Otto:

Darauf, dass jemand kommt. Oder etwas. Das alles besser wird. Das ich nicht mehr allein bin.

Anna:

Du bist nicht allein. Ich bin ja da!

Otto:

Stimmt! Aber ich kenne dich ja gar nicht.

Anna:

Ich bin Anna. Von vorne und von hinten gleich. Anna.

Otto:

Ich bin Otto.

Beide:

Von vorne und von hinten gleich. Otto.

Sie lachen.

Anna:

Setzt dich doch, Otto.

Otto lehnt sich an die andere Seite des Stammes. Es ist einen kurzen Moment still.

Otto:

Und was denkst du so, wenn ich fragen darf?

Anna:

Alles Mögliche. Ob Fische wohl die Augen zu machen, wenn sie schlafen wollen? Warum man rot wird, wenn einem etwas peinlich ist? Warum Menschen immer wieder Krieg machen, obwohl sie doch gemerkt haben müssen, dass das völlig sinnlos ist? Was da unter meinem Mantel versteckt ist und sich schwer wie ein Stein anfühlt? Wo ich hinsolle, um glücklich zu sein? ... So was alles.

Otto: *Etwas irritiert*
Klaro!

Wieder einen Moment Stille.

Otto:

Glaubst du an was?

Anna:

Weiß nicht. Du?

Otto:

Meine Eltern gehen in die Kirche.

Anna:

Meine Mutter geht arbeiten.

Otto:

Oh.

Pause.

Otto:

Die beten ein Kreuz an. Das ist doch irgendwie

pervers. Ein Folterinstrument anzubeten. Stell dir vor,

Jesus wäre auf einem elektrischen Stuhl hingerichtet

worden.

Anna:

Oder mit einer Guillotine?

Otto:

Einer Streckbank.

Anna:

Auf'm Scheiterhaufen.

Beide lachen. Dann wieder Stille.

Otto:

Ich würde gerne glauben. Und wenn es nur an mich selbst wäre.

Anna:

Da hast du wohl wahr.

Otto:

Was?

Anna:

Da hast du recht. Vielleicht würde das dann auch mit dem Nebel aufhören.

Otto:

Das mit dem Nebel?

Anna:

Das nichts klar ist im Leben.

Otto:

Ach so. Verstehe.

Pause.

Anna:

Hättest du Lust abzuhauen? Einfach mal raus, für ne Zeit?

Otto:

Und dann?

Anna:

Weiß nicht. Was erleben? Antworten finden?

Otto:

Einfach so? Jetzt?

Anna:

Ja. Jetzt oder nie!

Otto:

Und wohin?

Anna:

Weiß nicht. Wenn ich das wüsste, müsste ich ja nicht suchen gehen.

Otto:

Vielleicht versuchen wir mal, nach rechts zu gehen.
Mein Vater sagt immer: „Bleib auf dem rechten Weg".

Anna:

Warum nicht? Besser als nichts.

Stimme von Band:

Also gingen sie los. Weg vom Dorf. Weg von Zuhause. Weg von der Schule. Weg vom Kino. Weg vom Baum. Langsam erst. Abwartend. Vorsichtig. Immer weiter nach rechts. Nach einem Tag und einer Nacht kamen sie in einen tiefen, schwarzen Wald.

NACH RECHTS

*Eine Familie Braunbären trainiert. Anna und Otto beobachten sie
zunächst aus einiger Distanz. Vaterbär sagt vor, die anderen
wiederholen; es klingt wie militärischer Drill:*

Vaterbär:
Wiedereinführung der B-Mark als nationale Währung.

Bärenfamilie:
Wiedereinführung der B-Mark als nationale Währung.

So weiter mit:

Wehrpflicht.

Mehr Polizei.

Ausweisen, Abschieben, Ausbären.

Schließung der Außengrenzen.

Kein Familiennachzug.

Tragen von Geweihen verboten.

Leitkultur für den deutschen Wald.

Staatlich geförderte Umerziehungsprogramme.

Keine Inklusion …

Plötzlich stoppen sie ihren Chor und Vaterbär beginnt hektisch zu schnüffeln.

Vaterbär:

Ich rieche etwas … Ich rieche etwas …

Bärenkinder:

Papa, wir riechen es auch. Wir riechen es auch …

Mutterbär:

Es riecht nach … Es riecht nach …

Bärenkinder:

Es kommt von dahinten.

Alle:

Von dahinten!

Sie zeigen auf Anna und Otto und bewegen sich lauernd auf sie zu.

Otto:

Ach du scheiße. Das ist alles viel zu gefährlich. Mama hatte recht.

Anna:

Jetzt scheiß dir nicht gleich ins Hemd, Mann. Komm. Flucht nach vorn.

Anna tritt ein Stück nach vorne.

Mutterbär: *Entsetzt*

Sie sind auf der Flucht.

Vaterbär:

Aha, aha. Flüchtlinge im deutschen Wald.

Bärenkinder:

Oh je, Papa. Oh je ...

Verstecken sich. Vaterbär voran; schnüffelt an Otto herum.

Vaterbär:

Dieser hier ist es. Das ist auch so einer!

Bärenfamilie:

Auch so einer!

Anna:

Was für einer? Hä? Ich verstehe nur Bahnhof. Wer seid ihr überhaupt?

Vaterbär:

Wir sind Braunbären. Mitglieder der BfD.

Mutterbär:

Bären für Deutschland.

Bärenkinder:

Bären für Deutschland.

Vaterbär:

Hier geboren. Hier aufgewachsen. Bewohner des deutschen Waldes seit Generationen.

Bärenfamilie:

Seit Generationen.

Anna:

Wir kommen auch von hier. Also, nicht direkt aus dem Wald, aber aus dem Dorf, etwas weiter links von dahinten ...

Bärenfamilie: *Aufschreiend*
Links!?

Anna:

Ja. Was ist denn so schlimm daran? Warum regt ihr euch so auf?

Vaterbär:

Der da, der zu uns kommt, hat noch sein Dorf. Wenn

wir unseren Wald verlieren, haben wir keine Heimat mehr.

Bärenfamilie:
Keine Heimat mehr.

Otto: *Zu Anna*
Lass uns abhauen, ich denke nicht, dass wir hier finden, was wir suchen.

Anna:
Aber, wir wollen denen doch gar nichts wegnehmen.

Zu den Bären gewandt.

Aber wir wollen euch doch gar nichts wegnehmen. Wir suchen nach Antworten auf ...

Vaterbär:
Menschentum und Bärentum stellen einen Antagonismus dar.

Bärenkinder: *Zupfen dem Vater am Pelz*

Was ist das, ein Antago … Antgon …?

Bärenmutter:

Antagonismus meint, dass die zwei nicht zu unserem Bärenvolk gehören, meine Süßen.

Bärenkinder fauchen automatisch in Richtung Anna und Otto.

Vaterbär:

Und es kommt noch viel schlimmer. Dieser da (*zeigt auf Otto*) ist nicht nur kein Braunbär, er kommt nicht einmal aus dem guten deutschen Wald. Er hat einen … *räuspert sich und spricht es widerwillig aus* … MI-GRA-TIONS-HINTER-GRUND.

Bärenkinder:

MI-GRA-TIONS-HINTER-GRUND. Papa, oh je.

Mutterbär stellt sich schützend vor ihre Kinder. Otto versteckt sich hinter Anna.

Bärenkinder: *zupfen der Mutter am Pelz*

Was ist das Migrat … Migratio …?

Bärenmutter:

Migrationshintergrund meint, dass er nicht zu unserem Bärenvolk gehört, meine Süßen.

Bärenkinder:

Wir dachten, das heißt Antago …, Antagon …?

Vaterbär:

Schweigt jetzt, Kinder.

Bärenkinder verstummen. Vaterbär zu Anna.

Seine Ursprünge liegen nicht im deutschen Wald. Und deshalb muss er weg. Wir werden ihn jagen, vor uns hertreiben, uns unser Land und unser Volk zurückholen.

Bärenkinder: *Beginnen zu rennen. Anna und Otto fliehen.*

Oh ja, jagen macht Spaß.

AM BAUM II

Sie kommen aus der Puste wieder am Baum an. Lassen sich fallen. Liegen auf dem Boden und japsen nach Luft.

Anna:

Mensch, das war knapp.

Otto:

Echt krass. Die waren ja völlig durchgeknallt.
Deutscher Wald. Bärenvolk … Die spinnen wohl.

Pause.

Anna:

Stimmt das denn?

Otto:

Was?

Anna:

Na das mit dem Migrationshintergrund? Wo bist du geboren worden?

Otto:

Im Johannishospital.

Anna:

Ich auch. Johannis.

Otto: *Gekränkt*

Na, dann bin ich vielleicht doch nicht so einer?!

Anna:

Vielleicht. Menschen erfinden ja immer Wörter für was. Und wenn die dann erst mal in den Köpfen sind, dann kommen sie da auch nicht mehr so schnell raus.

Otto:

Denkst du etwa auch, ich sei anders als du, nur weil meine Eltern von woanders herkommen?

Anna:

Nein.

Otto:

Und trotzdem fragst du so komisch nach? Und dann:

Zack. Stempel. Migrationshintergrund. Ausländer.

Außenseiter. Doofmann. Oder was?

Anna:

Nein. Ich finde dich nicht anders. Und auch nicht doof.

Im Gegenteil. Ich mag dich.

Otto:

Du magst mich?

Anna:

Ja. Irgendwie schon. Ist das so erstaunlich?

Otto:

Weiß nicht. Nee. Danke!

Anna:

Es gibt nette Menschen und doofe Menschen, egal, wo die herkommen.

Otto:

Genau! Rechts war ja wohl ein echter Reinfall.

Pause

Anna:

Vielleicht versuchen wir eher, nach links zu gehen? Meine Mutter sagt immer: „Du schaffst das mit links".

Otto:

Wenn du meinst …

Stimme vom Band:

Also gingen sie in die andere Richtung. Links vom Dorf. Links von Zuhause. Links von der Schule. Links vom Kino. Links vom Baum. Langsam erst. Abwartend. Vorsichtig. Immer weiter. Nach einem Tag und einer Nacht hatten sie eine Lichtung erreicht.

NACH LINKS

Anna und Otto eingehakt gehend:

Beide:

Ein Hut, ein Stock, ein Re-gen-schirm und vorwärts, rückwärts, seitwärts, ran …

Otto: *Stoppt die Bewegungen*

Pssst. Schau mal. Dort. Auf der Lichtung.

Eine Familie Rotwild äst auf der Lichtung. Anna und Otto beobachten sie zunächst aus einiger Distanz. Der Hirsch (mit einem riesigen Geweih) beginnt verklärt und weich zu sprechen; die anderen wiederholen verträumt:

Hirsch:

Kameraden, Genossinnen, hört mir zu.

Rotwild:

Wir hören, Kamerad. Genosse!

Hirsch:

Ich träume von sozialer Gerechtigkeit! Alles wird allen gehören.

Rotwild: *seufzen verzückt*

Alles wird allen gehören!

Hirsch:

Es wird kein oben und unten mehr geben.

Rotwild: seufzen *verzückt*

Kein oben. Kein unten.

Hirsch:

Gleichberechtigung.

Solidarische Gesundheitsversicherung.

Bleiberecht.

Rotwild:

Gleichberechtigung.

Solidarische Gesundheitsversicherung.

Bleiberecht.

Hirsch: *etwas forscher*
Bruch mit dem Kapitalismus!

Rotwild:
Ja! Bruch mit dem Kapitalismus!

Hirsch:
Schutz für die Umwelt.

Rotwild:
Schutz für die Umwelt.

Hirsch:
Arbeit für alle.
Frieden für alle.
Geweihe für alle.

Rotwild:
Arbeit für alle.

Frieden für alle.

Geweihe für alle.

Anna tritt auf die Lichtung. Otto noch in Deckung.

Anna:

Und was ist, wenn jemand gar kein Geweih will?

Das Rotwild schreckt hoch und schaut Anna an.

Hirsch: *Eitel sein Geweih zur Schau stellend*

Wie könnte es sein, dass jemand das nicht will? Und
wer bist du überhaupt, mir eine solche Frage zu stellen.

Anna:

Ich bin Anna.

Otto: *Tritt mutig vor*

Und ich bin Otto.

Beide:

Und wer bist du?

Hirsch:

Brutus mein Name. Cervus elaphus. Rothirsch.

Otto:

Und du bist der Leiter dieses Rudels?

Hirsch:

Oh nein, mein Freund. Es gibt bei uns zwar eine soziale
Rangordnung, aber kein Leittier.

Anna:

Das verstehe ich nicht. Rangordnung, aber keine
Leitung? Wie passt das zusammen?

Hirsch:

Unsere Rangordnung kann sich immer wieder
verändern. Jeder ist mal unter-, dann aber auch wieder
überlegen. Jeder kann alles sein.

Otto:

Das hört sich gut.

Hirsch:

Und was macht ihr auf unserer Lichtung, Genossin, Genosse?

Anna:

Wir sind auf der Suche.

Rotwild:

Ah. Suchende. Wonach sucht ihr denn?

Anna:

Nach Antworten. Zum Beispiel.

Otto:

Und nach Möglichkeiten, wie wir unsere Träume erfüllen können. Wie macht ihr das? Was tut ihr dafür, dass eure Träume Wirklichkeit werden? Ihr scheint ja Spezialisten dafür zu sein.

Hirsch:

Wir versuchen sie zu leben.

Otto:

Ach so. Das ist interessant. Und wenn etwas zu gefährlich scheint, um es zu leben?

Hirsch:

Dann tun wir uns zusammen!?

Anna:

Klingt logisch. Macht ihr auch was mit den Braunbären zusammen? Von denen kommen wir gerade und die scheinen ziemlich stark und entschlossen zu sein?

Rotwild: *entsetzt*

Mit den Bären? Aber nein. Wie kommt ihr denn darauf? Mit den Bären wollen wir nichts zu tun haben! Sie sind unsere natürlichen Feinde.

Hirsch:

Am liebsten würden wir sie aus dem Wald fortjagen.

Anna:

Aber …, aber… das passt dann doch auch nicht zusammen. Bleiberecht. Träume von Frieden und Gerechtigkeit … Und dann so was. Was soll ich da glauben?

Hirsch:

Das ist eine gute Frage. Wenn ihr da draußen nach Antworten sucht, könntet ihr doch diese Frage mitnehmen?

Otto:

Das können wir natürlich tun. Aber wir dachten, von euch eine Antwort… Na ja, wir dachten, ihr wisst vielleicht …

Anna:

Habt ihr euch denn schon mal mit jemand anderes als

den Bären zusammengetan?

Rotwild:

Nein, eigentlich nicht. Wir sind noch nie von unserer Lichtung weggegangen. Rotwild ist sehr standorttreu, müsst ihr wissen.

Anna:

Ihr wart noch nie weg von hier? Aber so könnt ihr doch nichts Neues kennenlernen. Wenn man nur träumt und nichts tut, dann ...

Hirsch:

Jetzt werde nicht beleidigend, Genossin. Wir verstehen uns eben mehr als Pioniere. Als Wegbereiter. Wir entwickeln Ideen ...

Anna: *Enttäuscht*

Otto, lass uns weiterziehen. Ich glaube, mit links schaffen wir es eben auch nicht.

Otto:

Ok. *Zum Rotwild* Aber danke an euch. Für die Ideen.
Und Fragen. Wir werden versuchen, sie in die Welt
mitzunehmen.

Rotwild:

Wir danken euch, Kameraden. Glück auf.

*Anna geht wütend voran. Zieht Otto hinter sich her, der noch
freundlich zum Rotwild zurückblickt und winkt.*

AUF DEM WEG

Otto:

Jetzt renne nicht so, Anna. Was hast du denn, Mensch?
Die waren doch ganz nett.

Anna: *Wütend*

Nett ist die kleine Schwester von Scheiße.

Otto: *Stolpert*

Jetzt bleib stehen, verdammt.

Anna: *bleibt abrupt stehen und dreht sich zu Otto um*

Es reicht mir einfach. Verstehst du? Glück auf. So ein
Mist. Was nützen einem gute Ideen, wenn man sie
nicht umsetzt? Kannst du mir das vielleicht mal sagen?

Otto:

Eine Idee zu haben ist besser als nichts.

Anna:

Ideen … Ideen habe ich selbst genug. Aber man muss
doch auch was tun. Darum geht es doch.

Geht weiter und redet sich dabei in Rage. Otto hinterher.

Nicht nur denken. Warten. Denken. Abwarten.
Erwarten. Träumen, aber nix tun. Oder zu wenig.
Nach dem Mund sprechen. Folgen. Folgsam sein. Ich
habe es so satt. Das kann doch nicht der richtige Weg
sein? Da stimmt doch irgendwas nicht.

Bleibt wieder stehen. Otto läuft fast auf sie auf.

Mensch Otto, sag doch auch mal was.

Otto:

Was soll ich denn sagen? Ich weiß es doch auch nicht.

Anna geht wieder weiter. Otto hinterher, auf sie einredend.

Otto:

Ideen sind ja auch nicht immer gut. Wenn sie doof sind, sollte man sie nicht umsetzen. Ich will zum Beispiel kein Geweih haben. Das ist doch viel zu schwer auf dem Kopf. Und die ganzen Ideen von den Bären. Die fand ich echt gruselig. Da ist mir Gleichberechtigung schon lieber. Und Freiheit. Und Frieden. Und so …

Anna:

Du hast recht. Aber um das zu erreichen, muss man auch mal was riskieren!

Otto:

Auch wenn man dabei drauf geht?

Anna:

Vielleicht? Vielleicht auch nicht! Aber Freiheit gibt es eben nicht einfach so. Ohne Risiko. Ohne Konsequenz. Wenn alles immer zu gefährlich ist, dann bleibt man stehen und kommt nicht weiter.

Otto:

Da ist was dran. Aber extrem ist nicht hilfreich. Extrem rechts. Extrem links. Extrem wütend. Extrem vorsichtig. Extrem behütet. Extrem auf sich gestellt … Vielleicht müssen wir einen Kompromiss finden?

Anna: *Genervt*
Kompromiss!?

Schnappt mit ihrer Hand nach ihm, als sei es ein Krokodil mit scharfen Zähnen, das ihn fressen will.

Uaaahhhh. Ich bin das GroKo-Deal. Ich liebe Kompromisse. Ich liebe es, so lange zu diskutieren, bis alle Ideen unmöglich erscheinen. Ich liebe es, Illusionen zu fressen. Ich mag am aller-, allerliebsten den kleinsten gemeinsamen Nenner. Lecker! Yummi. Uaaahhhhh.

Otto:
Du bist echt verrückt, Anna.

Anna:

Wir sind doch aufgebrochen, um etwas zu ändern? Um was zu finden? Und nicht, um nur einen Kompromiss einzugehen? Oder?

Otto:

Ja, aber irgendwo muss man eben anfangen ...

Sie gehen noch ein Stück. Kommen dann wieder am Baum an. Setzen sich resigniert. Einen Moment lang herrscht erschöpftes, hilfloses Schweigen.

AM BAUM III

Anna: *Plötzlich*
Du hast recht, Otto.

Otto:
Womit?

Anna:
Irgendwo müssen wir anfangen. Zur Tat schreiten.

Otto: *Lacht*
Kann man vorwärts und rückwärts lesen: Tat!

Anna: *Übergeht den Kommentar*
Und zwar noch einmal ganz von vorne. Nicht einfach
dahin gehen, wo andere meinen, dass wir hingehen
sollen. Wir müssen unseren eigenen Weg finden!

Otto:
Klar doch. Ist ja auch superleicht.

Anna:

Keiner hat gesagt, dass das leicht ist. Und keiner hat gesagt, dass es sofort funktioniert. Aber wir müssen es doch wenigstens versuchen. Oder willst du wieder dahin zurück, wo du hergekommen bist?

Otto:

Ne. Das nicht. Aber wie sollen wir das anstellen?

Pause.

Anna: *Entschlossen*

Es hilft alles nichts. Wir müssen auf den Berg rauf.

Otto: *entsetzt*

Auf den Berg? Nein. Niemals. Das pack ich nicht. Das darf ich nicht. Meine Eltern haben gesagt, das ist gefährlich.

Anna:

Mensch, Otto, aber das ist es doch genau. Wir machen

immer, was andere wollen! Was andere sagen. *macht Ottos Vater nach* „Otto, bleib immer auf dem rechten Weg!" *dann in der Stimme der Mutter* „Das machst du mit links, mein Schatz, glaube mir!" Machst du echt immer, was deine Eltern dir sagen?

Otto:
Ich fürchte ja. Und du?

Anna:
Eigentlich habe ich keine Eltern, die was sagen.

Otto:
Oh.

Betretene, ratlose Stille.

AUF DEN BERG

Stimme von Band:

Sie saßen da und wussten nicht weiter, als sie plötzlich über sich einen wunderschönen Gesang hörten. Ein Vogel hatte sich auf einem Ast des Baumes niedergelassen. Er trug ein ebenso rotes Mäntelchen wie Anna und schien ihnen auch sonst verwandt zu sein.

Anna:

Hallo. Wer bist du denn?

Regina:

Ich bin Regina, das Rotkehlchen. Die Königin des Himmels. Was macht ihr hier?

Otto:

Wir warten.

Anna:

Wir warten … und denken nach. Alles wie immer …

Regina:

Worüber denkt ihr nach?

Anna:

Ich denke darüber nach, warum etwas in mir ist, das drückt, etwas, das zu klemmen scheint, etwas, das sich anfühlt wie ein schwerer, schwarzer Stein. Genau hier. Unter meinem Mantel.

Otto:

Und ich denke darüber nach, ob es vielleicht zu gefährlich ist, auf den Berg hinauf zu gehen, weil es noch niemand zuvor gemacht hat und meine Eltern gesagt haben, es sei zu gefährlich.

Regina:

Fliegt mit mir, ihr zwei. Ich glaube, das könnte euch helfen.

Otto: *entnervt*

Ich kann aber nicht fliegen.

Anna:

Du hast ja noch nie versucht.

Otto:

Du bist echt witzig. Wie soll ich denn das anstellen, ich habe keine Flügel, so wie sie.

Zeigt auf das Rotkehlchen.

Regina:

Oh doch, jeder hat Flügel, auch ihr! Du hast sie nur noch nie genutzt. Kommt mit mir auf den Berg. Wenn ihr über den Berg seid, wird es so weit, dass ihr von dort aus klar sehen und die Gedanken fliegen lassen könnt.

Anna:

Eigentlich dürfen wir nicht auf den Berg steigen, weil

Menschen, die den Gipfel erklimmen wollen, das Steingebilde zum Einsturz bringen und somit das Dorf für immer zerstören werden.

Regina:
Weißt du das oder vermutest du das?

Anna:
Es wurde uns gesagt.

Regina:
Glaubt oder tut ihr alles, was man euch sagt?

Otto:
Also, ich …

Anna:
Ach, scheiß drauf. Wir werden die Ersten sein, die es probieren.

Otto:

Sag mal, spinnst du jetzt vollends. Nachher kommen wir nie wieder zurück.

Regina:

Vertraut mir. Euch wird nichts Schlimmes geschehen!

Stimme von Band:

Also begannen sie, den Berg zu erklimmen. Das Rotkehlchen flog voran und zeigte ihnen den Weg. Nach einem Tag und einer Nacht hatten sie den Gipfel erreicht.

Anna:

Wow, Otto, sieh nur, es stimmt, was Regina gesagt hat. Von hier aus kann man alles klar erkennen. Noch nie im Leben konnte ich so weit schauen.

Otto:

Die Wolken sind plötzlich unter uns.

Anna:

Und alles erscheint ganz klein. Sieh nur: Das Dorf, die Schule, das Kino, der Wald.

Otto:

Von hier aus sieht es winzig aus. Winzig klein und unbedeutend.

Sie heben ab. Fliegen.

Otto:

Was passiert mit uns?

Anna:

Ich weiß es nicht. Aber es fühlt sich wunderschön an. Mir wird ganz leicht ums Herz.

Otto: *Streicht sich eine Träne aus dem Gesicht. Verschämt.* Ein Junge sollte nicht weinen.

Anna:

Auch so ein blöder Spruch, verdammte Axt.

Regina: *Beschwichtigend*

Tränen, die aus den Wolken heraus regnen, lassen die Dinge wachsen. Weine nur. Weine. Sieh nur, wie alles aufblüht.

Anna:

Und dort Otto, ein Regenbogen. *Stolz* Den hast du geschaffen.

Otto:

Ich?

Regina:

Alle Farben kommen zum Vorschein.

Weitere Vögel kommen hinzu und zwitschern um sie herum.

Vogelchor:

Deine wahren Farben. Wie schön sie sind. Wie schön.

Anna und Otto:

Wie schön!

Pause. Sie schweben noch eine Zeit lang wie Seifenblasen im Himmel.

Anna:

Liebe Vögel. Wie aber komme ich auf den Boden zurück, wenn mich nichts mehr nach unten drückt?

Vogelchor:

Keine Angst, die Erde lässt euch sanft landen, sie ist doch eure Heimat.

Stimme vom Band:

Kaum hatten die Vögel ihre Worte ausgesprochen, begannen Anna und Otto zu fallen und zu fallen und zu fallen. Nach einer Weile hatten sie die Erde erreicht und landeten sanft in einem bunten, weichen Haufen. Ein Maulwurf schaute aus ihm heraus und blinzelte ihnen zu. Sein Fell war ebenso schwarz wie Ottos Pullover und das Tier schien ihnen auch sonst verwandt zu sein.

AUF DEN GRUND

Otto:

Hallo. Wer bist du denn?

Maurus:

Ich bin Maurus, der Maulwurf. Der Herrscher des
Erdreichs. Was macht ihr hier?

Anna:

Wir sind vom Himmel gefallen.

Maurus:

Ach so. Na dann. Herzlich Willkommen.

Anna:

Wo sind wir denn hier gelandet, lieber Maurus?

Maurus:

Auf dem Grund.

Otto: *Ironisch*

Ah, dann können wir nun endlich den Dingen auf den Grund gehen!?

Maurus:

So ist es, ihr Lieben. So ist es. Grabt also mit mir.

Anna:

Ich kann aber nicht graben.

Otto: *Zwinkert*

So wie ich nicht fliegen kann?

Maurus: *Zu Anna*

Du hast es sicherlich noch nie versucht.

Anna: *Trotzig*

Weil ich keine Pfoten habe wie du.

Maurus:

Oh, doch, jeder hat Pfoten, auch du! Du hast sie

vielleicht nur noch nie genutzt. Kommt mit mir auf den Grund.

Anna:

Aber es geht die Sage, dass Menschen, welche Löcher und Höhlen in den Boden graben, das Fundament des Dorfes zum Einsturz bringen und somit Häuser und Bäume für immer zerstören?

Maurus:

Weißt du das oder vermutest du das?

Anna:

Es wurde uns gesagt.

Otto:

Uns wurde schon wirklich viel zu viel gesagt. Ich möchte nicht mehr alles glauben oder tun, was man mir sagt!

Anne: *Ungläubig*

Otto?! Bist du es wirklich?

Otto: *Überzeugt*

Wir werden die Ersten sein! Bisher haben wir doch auch alle Abenteuer gemeinsam gemeistert.

Anna:

Na klar. Wir werden die Ersten sein, die es probieren.

Klatschen sich ab.

Stimme vom Band:

Also begannen sie, sich mit ihren kleinen Händen tapfer durch die Erde zu buddeln. Der Maulwurf zeigte ihnen den Weg. Nach einem Tag und einer Nacht hatten sie den Grund erreicht. Die Welt lag nun über ihnen und wenn sie den Kopf in den Nacken legten, fühlten sie nichts als weiche, bunte Kissen, die sie stützten und sanft betteten. Manche waren kariert und getupft, andere liniert oder geblümt.

Anna und Otto nebeneinander im Berg von bunten Kissen eingekuschelt.

Anna:

Lass uns etwas spielen.

Otto:

Hab keinen Empfang hier.

Anna:

Ich meine nicht auf dem Smartphone. Ich meine so was wie „Letztes Wort, erstes Wort".

Otto:

Ach so. Ok.

Anna:

Also los: Gefällt dir Abba?

Otto:

Abba? Was ist das?

Anna:

Das ist eine Band aus Schweden.

Otto:

Kann man vorwärts und rückwärts lesen. Wie uns.

Anna:

Dein Satz muss mit „Schweden" anfangen. Letztes Wort. Erstes Wort.

Otto:

Schweden, ähm, ach so. Schweden ist dunkel und zu einsam.

Anna:

Einsam? Bist du einsam?

Otto:

Einsam? Ja. Manchmal.

Anna:

Manchmal denke ich: Warum kann man sich einsam fühlen, auch wenn Menschen um einen herum sind?

Otto:

Fühlst du dich jetzt auch einsam?

Anna:

Du musst den Satz mit „sind" anfangen. Letztes Wort. Erstes Wort.

Otto:

Sind wir beide denn jetzt einsam? Wir sind doch zusammen!

Anna:

Nein.

Otto:

Du musst den Satz mit „zusammen" anfangen. Letztes Wort. Erstes Wort.

Anna:

Zusammen mit dir fühlt es sich gut an.

Otto:

Ja.

Nimmt ihre Hand.

Anna:

Ja.

Otto:

Ja.

Pause.

Otto:

Es stimmt, was Maurus gesagt hat. Hier auf dem Grund fühle ich mich so gut wie noch nie. Ganz … ganz … ruhig ist es in mir. Friedlich.

Anna:

Du hast recht. Es ist wunderschön, ganz bei sich selbst
zu sein.

Otto:

Und es ist schön, mit dir zu sein.

Anna:

Und es ist schön, mit dir zu sein.

*Pause. Anna beginnt zu weinen. Otto wischt ihr die Tränen aus
dem Gesicht.*

Anna:

Otto. Was passiert mit uns?

Maulwürfe: *als Chor flüsternd*

Habt keine Angst. Das sind die Tränen der Freude. Sie
fallen aus euch heraus, steigen hinauf, werden zum See,
in dem sich die Seelen spiegeln können. Sie machen die
Herzen leichter und das Gemüt heller.

Otto:

Wie aber kommen wir wieder zu unserem Baum hinauf, wenn wir uns so tief fallen lassen?

Maulwürfe:

Ihr könnt so lange hierbleiben, wie es euch gefällt und selbst entscheiden, wann ihr zurückwandern wollt. Die Wurzeln in der Erde zeigen euch den Weg.

Anna:

Und wenn wir zurückkehren, können wir all das mitnehmen? Die Ruhe? Die Leichtigkeit? All die schönen Gefühle?

Maulwürfe:

Aber ja. Sie sind doch in euch. Und wo auch immer ihr hingeht, euch selbst habt ihr doch stets bei euch.

Maurus:

Denn so ist es: Wer bei seinen Erwartungen bleibt, wird ewig warten. Nur wer sich in Bewegung setzt, findet seinen Weg.

Anna und Otto:
Das klingt logisch!

Die Maulwürfe reichen Maurus Geschenke für die zwei. Dieser reicht zunächst Otto bunte Handschuhe, welche dieser sofort über seine Hände streift!

Maurus:
Und damit ihr euch immer daran erinnert, lieber Otto, bekommst du diese hier. Denke stets daran, was du alles kannst, obwohl du glaubst, es würde nicht gehen. Und obwohl dir jemand sagt, du sollst es besser sein lassen.

Otto:
Danke, liebste Maulwürfe. So werde ich mich immer daran erinnern, dass ich graben kann. *Macht die Bewegung mit den bunten Händen* Oder fliegen. *Macht eine flatternde Bewegung* Und noch viel mehr, wenn ich es ausprobiere.

Maulwürfe:

Und wenn du es nicht kannst, ist es auch nicht schlimm. Dann hast du wenigstens versucht, den Dingen auf den Grund zu gehen. Das ist mehr, als die meisten sich trauen.

Otto:

Danke an euch alle!

Anna bekommt eine bunte Mütze geschenkt, die sie über ihre Lockenmähne zieht.

Maurus:

Und du Anna, trage diese hier ... damit du dich daran erinnerst, nicht nur zu denken, sondern auch deinem Herzen zu vertrauen.

Anna:

Danke, liebste Maulwürfe. So werde ich mich immer daran erinnern, dass mein Herz leichter wird, wenn ich auf mich selbst achtgebe.

Maulwürfe:

Und auch wenn es unter deinem Mantel ab und an schwer sein sollte, weißt du, dass du immer wieder über den Berg kommen kannst. Und es nicht allein schaffen musst! Hilfe annehmen, ist mehr, als die meisten sich trauen.

Anna:
Danke an euch alle!

Stimme vom Band:

So nahmen sie Abschied von den Maulwürfen und traten die Heimreise an. Einen Tag und eine Nacht wanderten sie an den Wurzeln entlang, bis sie wieder in ihrem Dorf ankamen. Auf dem Weg durch die Straßen zurück zum Baum, begegneten sie verschiedenen Mitschülern und Bewohnerinnen des Dorfes. Anna lüftete jedes Mal ihr buntes Mützchen zum Gruß, Otto winkte ihnen munter mit seinen Handschuhen zu.

AUF DEM WEG DURCHS DORF

Dorfbewohner*innen: *Tuscheln*

Seht nur, die zwei. Da sind sie ja wieder. Wo sie wohl gewesen sind? Sie sehen ganz verändert aus!

Mitschüler*innen: *Rufen*

Ei, ei, ei, was sehn' wir da … Der Mops und das Rotkäppchen. Wer hätte das gedacht? Krasse Scheiße.

WIEDER AM BAUM

Kommen an den Baum. Der trägt jetzt Blätter und Blüten.

Otto:

Von denen lasse ich mich nicht mehr fertig machen.

Anna:

Wahrscheinlich sind sie eh nur neidisch auf uns. Das wir uns getraut haben, loszugehen. Dass wir etwas erlebt haben. In Wirklichkeit.

Otto:

Jetzt geben sie nicht mehr den Ton an!

Pause. Setzen sich. Lehnen sich an den Stamm.

Anna:

Hast du schon mal bemerkt, dass Ton rückwärts gesprochen Not heißt? Vorwärts: TON. Rückwärts: NOT. Krass, oder?

Otto:

Weil die, die am lautesten schreien, meistens ganz klein sind. Die in Not haben es am Nötigsten, große Töne zu spucken.

Anna:

Wie die Bären.

Otto:

Oder mein Vater. Mir graut es schon davor, heimzugehen.

Anna:

Aber das muss es doch nicht. Du bist doch jetzt ein anderer Otto.

Otto:

Ja. Vielleicht hast du recht. Otto ist nicht mehr von vorne und hinten gleich.

Anna:

Und Anna auch nicht!

Pause. Drehen sich zueinander. Blicken sich an, geben sich die Hände wie zu einem Schwur.

Anna:

Es war eine wunderbare Reise mit dir Otto. Und wenn wir auch nicht auf alles eine Antwort gefunden haben, so haben wir immerhin uns.

Otto:

Ja. Wir haben uns.

Anna:

Und wir haben den Mut, uns zu bewegen, anstatt zu warten.

Otto:

Und wir haben den Mut, uns zu bewegen, anstatt zu warten. Oder zu denken.

Anna:

Oder zu denken.

Beide:

Das kann uns keiner mehr nehmen.

Otto:

Für immer Freunde?

Anna:

Für immer Freunde!

Sie umarmen sich und gehen in verschiedene Richtungen davon.

Stimme vom Band:

Und so kehrten sie nach Hause zurück. Immer in der Gewissheit, einen guten Freund an der Seite zu wissen und viel Mut und Stärke in sich zu tragen.

ZURÜCK NACH HAUSE

Otto auf. Eltern am Tisch.

Otto:
Vater. Mutter. Da bin ich wieder.

Mutter: *Springt auf und drückt ihn fest an sich*
Aber wo warst du denn, mein Schatz? Wir haben uns
solche Sorgen um dich gemacht.

Vater:
Und was hast du da an? Was sollen denn die Leute
denken.

Mutter: *Zum Vater, ermahnend*
Manfred! Lass ihn doch erst einmal reinkommen.

Otto:
Hallo, Vater.

Reicht ihm die bunte Hand; der schüttelt sie widerwillig; Otto
spricht ganz ruhig und klar:

Weißt du, es ist mir egal, was die Leute denken. Ich möchte tun, was für mich richtig ist. Ich möchte Fragen stellen. Und Antworten bekommen. Ich möchte … wie soll ich sagen, ich möchte … ICH sein und nicht irgendwer oder irgendwie … wie andere denken, dass ich sein soll.

Vater: *Zur Mutter, belächelnd*
Jetzt ist er in der Pubertät, Frauke. Aber das geht schon wieder vorbei.

Otto:
Ich hoffe, es geht nie wieder vorbei. Niemals!

Anna kommt in ein weiterhin leeres Zuhause zurück. Findet auf dem Tisch einen Zettel von der Mutter. Liest …

Mutter:

Hallo mein Schatz. Haben uns ständig verpasst. Und auf dem Smartphone konnte ich dich auch nicht erreichen. Muss heute wieder länger arbeiten. Kannst du einkaufen gehen? Kuss. Mama

Anna: *Schüttelt lächelnd den Kopf, nimmt ihr Smartphone und schreibt eine Nachricht an ihre Mutter*
Die Liebe ist Sieger, stets rege ist sie bei Leid. Anna

Mutter:

Da bist du ja, endlich. Was war denn los???

Anna:

Kann man vorwärts und rückwärts lesen! *Zwinker-Emoji*

Mutter:

Alles klar bei dir?

Anna:

Ja. Mir geht es gut. So gut, wie schon lange nicht mehr.

Mutter:

Das ist wunderbar. Ich komme leider erst später, ok?
Warte nicht auf mich.

Anna:

Nein, Mama. Ich warte nicht mehr. Es ist etwas
passiert. Etwas Großes. Aber wie soll man das schon
erklären? Anna ist nicht mehr gleich. Anna hat sich
verändert. Aber das wirst du schon selbst herausfinden.
Wenn du anfängst, Fragen zu stellen. Irgendwann.

Ende

Das Stück „#vorwärtsrückwärtsseitwärtsran" ist zur Uraufführung frei.

Alle Rechte bei der Autorin.

Das Stück ist zu besetzen mit mindestens 6 Darsteller*innen (davon 2 Herren).

Geeignet ist es für Zuschauer*innen ab 10–12 Jahren.

ZUR AUTORIN

Verena Meyer, Jahrgang 1969, hat u. a. Theater-
wissenschaft und literarisches Schreiben studiert.
Zwanzig Jahre lang arbeitete sie als Dramaturgin und
Theaterpädagogin an verschiedenen deutschen Bühnen
und realisierte u. a. Theaterprojekte mit Jugendlichen.
Die Theatertexte entstanden dabei immer aus der
Praxis heraus. Für ihre Inszenierungen und Stücke
erhielt sie zahlreiche Auszeichnungen. Verena Meyer
lebt in Duisburg und ist dort sowohl als freie Autorin
und Künstlerin als auch in der Öffentlichkeitsarbeit
und Mediengestaltung tätig.

Kontakt: www.verenameyer.net

WEITERE LITERATUR DER AUTORIN

Verena Meyer

Über Leben

Zwei Stücke für erwachsene Personen

Die Stücke "Wiederherstellung" und "Proberaum Leben" widmen sich den einschneidenden Umbrüchen im Leben und werfen große Fragen nach Sinn und Unsinn auf. *Pointiert, humorvoll, respektvoll, gnadenlos und warmherzig. Kunstvoll komponiert und von großer Qualität.*

BoD, 2020

Verena Meyer

Spielen, Darstellen, Gestalten

Ein Theater-Mach-Buch

Das Theater-Mach-Buch führt schrittweise an das darstellende Spiel heran. *Sehr zu empfehlen!*

Buchverlag Kempen, 2019 (2. Aufl.)

Sandra Anklam, Verena Meyer, Thomas Reyer

Didaktik und Methodik

in der Theaterpädagogik

Szenisch-Systemisch: Eine Frage der Haltung!?

Theaterschaffende sind eingeladen, die eigenen Spiel- und Möglichkeitsräume zu erkennen, zu kreieren und zu gestalten, bewusst, kompetent, fundiert und kontextangemessen. *Dieses Buch ist ein echter Schatz!*

Friedrich-Verlag, 2018

Sandra Anklam, Verena Meyer

Life. On Stage.

Handbuch Theatertherapie

Die theatertherapeutische Arbeit mit Gruppen ist Schwerpunkt des „Handbuchs Theatertherapie". Dabei schaffen theoretische Annahmen zur Theatertherapie die Grundlage für vier anschauliche Praxisbeispiele. *Eine echte Bereicherung!*

Schibri-Verlag, 2013